W0245349

Das Porträtmedaillon des großen Schriftstellers von C. Beyer schmückt einen Obelisk im Garten der »Villa Shatterhand«.

Wahre Geschichten

UM

KARL MAY

Aufgeschrieben von
Jürgen Helfricht

TAUCHAER VERLAG

WAHRE GESCHICHTEN NR. 29

Helfricht, Jürgen:
Wahre Geschichten um Karl May/
Jürgen Helfricht.-
1. Aufl.- [Taucha]: Tauchaer Verlag, 1999.
ISBN 3-89772-006-X

© by Tauchaer Verlag
Herstellung: Neumann & Nürnberger, Leipzig
Satz: Tauchaer Verlag
Druck und Binden:
Westermann Druck Zwickau
Printed in Germany
ISBN 3-89772-006-X

INHALT

VORWORT

Das »Lieblingskind der Not, der Sorge, des Kummers« - er wurde der Vater von Hadschi Halef Omar, Winnetou und Old Shatterhand: Karl May!

Seit über einem Jahrhundert fesselt der Zauber seiner unermeßlichen Phantasie, reiten Mays Helden durch die Herzen von Generationen. Dabei bleibt der Erfolgsautor, dessen Bücher bereits 100 Millionen Mal gedruckt und in 37 Sprachen übersetzt sind, als Mensch vielen ein Rätsel.

Ein armer Webersohn avancierte vom Hilfslehrer zum Dieb und Hochstapler, zum Mystiker und Schnellschreiber, zur Skandalfigur. Der Protestant, der sich 25 Jahre lang als Katholik ausgab und mit Wunderwaffen umgab, der sich einen falschen Doktortitel zulegte und in die Rolle seiner Romanhelden schlüpfte, wurde ein Bandit, ein abgestrafter Räuber und literarischer Schinderhannes genannt. Seine Bücher stempelte man als Chaos von Kitsch und Absurditäten ab. Dennoch standen und stehen Leserscharen begeistert vor seiner Radebeuler Haustür.

Historiker, Juristen und Verehrer des Meisters suchen seit seinem Tode den Schlüssel zu dem Phänomen Karl May. Zu Leben und Werk jenes Genius, dem das Schreiben Freiheit, Leben und Bestimmung war. Tauchen auch Sie ein in die Welt seines phantasiebesessenen Charakters, lesen Sie, wie ein kleiner Mann den großen Winnetou erfand.

DER BLINDE KNABE AUS ERNSTTHAL

Das armseelige Fachwerkhäuschen Niedergasse 111 in Ernstthal war nur drei schmale Fenster breit. Doch mit seinem Ziegeldach ragte es ein Stockwerk über die Nachbarkaten hinaus, welche wie verwachsen links und rechts an dem Anwesen klebten.

An diesem verschneiten 25. Februar anno 1842 flackerte im ersten Stock noch in der zehnten Nachtstunde das Rüböllämpchen. Das ganze Haus war in Aufregung. Im Parterre, wo die Wäschemangel stand, an der Nachbarn für zwei Pfennige pro Stunde Bettlaken, Hand- und Tischtücher rollten, kochte die alte Großmutter Johanne (1780 – 1865) heißes Wasser. Webergeselle Heinrich August May (1810 – 1888) war aufgeregter als sonst.

Mit zitternden Händen saß er neben Spulrad und Handwebstuhl, bangte um seine Frau. Am 1. Mai vor sechs Jahren hatte er Christiane Wilhelmine Weise (1817 – 1885) zum Altar geführt. Vier Kinder – zwei Knaben und zwei Mädchen – waren ihm schon geboren worden. Drei von ihnen riß der Tod den Eltern nur Wochen oder wenige Monate nach der Geburt wieder fort. Lediglich die vierjährige Auguste Wilhelmine (1837 – 1880) überlebte all die Hunger- und Notzeiten, schlief im zweiten Stock. Dort hatten die besorgten Eltern die Fenster nicht nur wegen der Winterkälte dicht verschlossen.

Immer wieder gelangten Ratten und Mäuse über Nachbardächer auf den Boden, nagten an, was ihnen unter die scharfen Zähne kam.

Die Glocke des Ernstthaler Kirchturmes schlug gerade zur zehnten Nachtstunde. Da erfüllte ein heller Schrei das Haus. Wenig später hielt die erschöpfte Mutter einen Knaben in den Armen: Karl Friedrich May!

Noch am nächsten Morgen wurde der Kleine zur Taufe in die Kirche getragen. Als der Pfarrer das Ereignis im Taufbuch vermerkte, wird er sich der beiden Großväter May`s erinnert haben. Deren tragische Schicksale waren einst Stadtgespräch. Christian Friedrich May (1779 – 1818) stürzte bei tiefem Schnee in die Schlucht des Krähenholzes und erfror.

Von ständigem Vollrausch des Webers munkelte die Stadt, weshalb das Sterberegister als Todesart auch »unordentliche Lebensart« vermerkt. Der Großvater mütterlicherseits, Christian Friedrich Weise (1788 – 1832), konnte sein durch Trunkenheit mit verschuldetes Elend nicht ertragen, erhängte sich gar im Keller des Nachbarn.

Und noch einmal waren die May`s zum Stadtgespräch geworden: Als Großmutter Johanne vor vielen Jahren während eines Mittagessens vom Stuhl fiel und tot zu Boden sank. Ein Arzt diagnostizierte Herzschlag. Die Frau sei tot, sollte nach drei Tagen begraben werden.

Doch in Wirklichkeit war sie nur scheintot. Sie konnte weder Glieder noch Lippen bewegen, sah und hörte aber alles: Wie die Klageweiber kamen, die Familie trauerte, wie der Tischler den Sarg zimmerte, sie hineingelegt wurde.

Nach drei Tagen bahrte man sie noch einmal im Hausflur auf. Danach sollte der Sarg zugenagelt, auf den Gottesacker gebracht werden. In ihrer Todesangst vor dem lebendigen Begraben, dem qualvollen

Ersticken im tiefen Erdgrab, konnte sie plötzlich wieder eine Hand bewegen, ein Signal geben – gerettet! Andere Ärzte brachten sie wieder auf die Beine.

Weder der Pfarrer noch die Eltern ahnten jedoch, welch Schicksal dem kleinen Karl May bevorstand.

Das Geburtshaus Karl Mays in Hohenstein-Ernstthal.

War es die Folge einer durch den eiskalten Weg zur Taufe hervorgerufenen Erkältung? War es eine Infektion durch mangelnde Hygiene? Oder spielte Unterernährung eine Rolle? Der Säugling erblindete. Bis zum vierten Lebensjahr nahm der kleine Karl seine Umgebung nur durch Tasten und Geräusche wahr.

Karl war keine drei Jahre alt, da zwangen finanzielle Sorgen die Eltern, das Haus zu verkaufen. Die Familie zog zur Miete an den Ernstthaler Marktplatz neben das Gasthaus »Zur Stadt Glauchau«. Den Rest vom Hausgeld legte Mays Mutter gut an, bezahlte damit einen Hebammenkursus an der Chirurgisch-medicinischen Akademie in Dresden.

Hier fand sie auch Kontakt zu den Professoren für Frauenheilkunde Carl Friedrich Haase (1788 – 1865) und Woldemar Grenser (1812 – 1872), die vermutlich im März 1846 dem blinden Jungen die Sehkraft wiedergeben konnten.

Weil das Hebammensalär nicht zum Familienunterhalt reichte, der jähzornige Vater oft dem Branntwein zusprach, mußten Karl und seine Geschwister der Mutter beim Nähen von Leichenhandschuhen helfen. Da trotzdem der Hunger stets Gast an ihrem Tisch war, erbettelten die May-Kinder beim Nachbarn Kartoffelschalen, beim Müller Beutelstaub, sammelten am Wegrain Melde, Otterzungen und wilden Lattich für die Suppe.

Ihre größte Freude: Wenn die gütige Großmutter aus dem Märchenbuch vorlas. War Vater May, der selbst nie eine Schule besucht hatte und an die Wirksamkeit körperlicher Züchtigung mit seinem dreifach geflochtenen Strick und dem »birkenen Hans« - einer Rute - glaubte, auch kein guter

Pädagoge, auf die Bildung seines Sohnes legte er jedoch größten Wert. Dank Karls schneller Auffassungsgabe und Intelligenz galt der Knabe als besonders begabt. Der Ernstthaler Kantor Samuel Friedrich Strauch (1788 – 1860) gab ihm deshalb sogar kostenlosen Orgel-, Klavier- und Violinen-unterricht. Als Karl Ostern 1856 konfirmiert wurde und die Volksschule 14jährig mit glänzendem Zeugnis verließ, hätten ihm das Gymnasium und später eine Universität offen gestanden. Sein Traum: Eine Arztkarriere! Aber die knappen Finanzen der Familie reichten gerade, ihn zum Volksschullehrer ausbilden zu lassen.

DIE ABSAGE VON DER »GARTENLAUBE«

»Die Furcht des Herrn ist eine Quelle des Lebens, daß man meide die Stricke des Todes.« Krächzend schnarrt die monotone Stimme des Lehrers, Bibel-Kapitel 14 der Sprüche Salomonis zitierend, wie eine tibetanische Gebetsmühle vom Katheder. Dem 16jäh-rigen Karl fallen fast die Augen zu. Nur die unbeque-me, harte Bank läßt ihn nicht einschlafen.

Ständige Andachten, ermüdendes Predigt- und Bibellesen, Katechismus, geistlicher Gesang und Orgelspiel drückten den Lektionen am Fürstlich-Schönburgischen Lehrerseminar zu Waldenburg den Stempel auf. May, der nach bestan-dener Aufnahmeprüfung zu Michaelis 1856 als Proseminarist in die von Otto Viktor Fürst von Schönburg-Waldenburg (1785 – 1859) im Jahre 1844 gestiftete Bildungssststätte aufgenommen wurde, vergleicht die sterile Schulatmosphäre später mit einer alten Kuckucksuhr, empfindet sie als »kalt, streng, hart«.

Doch das arme Weberkind muß für den Seminarplatz dankbar sein. Wie er später selbst erwähnt, konnten sich seine Eltern diese Ausbildung nur dank eines jährlichen Zuschusses von 15 Talern aus der Schatulle des Grafen Heinrich Gottlob von Schönburg-Hinterglauchau (1794 – 1881) leisten.

Die Liebe, Milde und Versöhnlichkeit, die May in Waldenburg so vermißt, erlebt er während der Seminarferien in Ernstthal. Vor allem in der Hermannstraße 53, wo seine erste Liebe, die gleichaltrige Anna Preßler, wohnt. Doch diese Anna bereitet ihm auch die erste herbe Enttäuschung seines jungen Lebens.

Das flatterhafte, abenteuerhungrige Mädchen erwartet von einem älteren Nebenbuhler Mays ein Kind, wird 1858 mit diesem Schnittwarenkrämer vermählt. Die poesielose Seminaristenzeit – sie inspiriert May zu ersten schriftstellerischen Versuchen. »Ich lernte sehr leicht und hatte demzufolge viel Zeit übrig. So dichtete ich im Stillen...Und was schrieb ich da? Ganz selbstverständlich eine Indianergeschichte!«

Das Manuskript schickt er 1858 dem illustrierten Familienblatt »Die Gartenlaube« (gegründet 1853) nach Leipzig. Lange hört er nichts von der Redaktion. Doch dann erteilt ihm Verleger Ernst Keil (1816 – 1878) selbst eine Absage. Nicht ohne ermunternd hinzuzufügen, »daß er nicht übermäßig entsetzt sein werde, wenn sich nach vier oder fünf Jahren wieder eine Indianergeschichte von mir bei ihm einstellen sollte. Er hat keine bekommen.« Nicht nur die Schriftstellerlaufbahn begann wenig erfolgversprechend. Auch der Abschluß der Lehrerausbildung geriet ein Jahr später wegen sechs Kerzen in höchste Gefahr.

Es war einer jener unglücklichen Fallstricke im Leben Mays, die bei unzähligen Jungen seines Alters nie ruchbar werden oder über die man als Kavaliersdelikt großzügig hinwegsieht. Karl May jedoch wurden sie immer zum Verhängnis. Seminarist May besuchte die zweite Klasse des Hauptseminars, wurde im November 1859 mit dem Amt des Lichtwochners betraut. Seine Aufgabe als Lichtwochner: Eine Woche lang die Kerzen für die Klassenzimmerbeleuchtung betreuen, Dochte abschneiden, abgebrannte Stumpen auswechseln, Talgreste sammeln.

May dachte an die bevorstehende Weihnachtszeit, die bittere Armut ohne Lichterglanz in der elterlichen Wohnung und versteckte sechs Kerzen – etwa ein Pfund – in seinem Koffer.

Das Lehrerseminar in Plauen.

Die leichtsinnige Tat wurde vor den Festtagen entdeckt, wie ein riesiger Diebstahl mit Lehrerkonferenz und Bericht an das Hohe Königliche Ministerium des Cultus und öffentlichen Unterrichts zu Dresden verfolgt. Wenige Wochen später muß May wegen »arger Lügenhaftigkeit«, »rüdem Wesen« und »Mangel an religiösem Sinn« – er hatte zur Fastenzeit im Frühjahr schon einmal den Nachmittagsgottesdienst geschwänzt – die Schule verlassen. Erst die »unterthänigste Bitte« Mays und ein Gnadengesuch seines Ernstthaler Pfarrers und Beichtvaters Carl Hermann Schmidt (1826 – 1901) können das Ministerium umstimmen, die unfreiwillige Exmatrikulation in eine Strafversetzung ins Seminar Plauen umzuwandeln.

Dort beendet Karl May sein Studium und besteht im September 1861 die Kandidatenprüfung mit der Gesamtnote »gut«.

EINE VERHÄNGNISVOLLE TASCHENUHR

Das unnachahmliche Geräusch aufeinandertreffender Elfenbeinkugeln ertönt an diesem zweiten Weihnachtsfeiertag 1861 aus dem Vereinszimmer neben der Wirtsstube im Hohensteiner Gasthof »Zu den drei Schwanen«. Dublee, Triplee, Quadruplee – anerkennendes Raunen geht durch den dunklen Raum.

Die anwesenden Gäste staunen, wie Fabrikschullehrer Karl May mit geübter Hand den Stock führt, die Bälle so geschickt trifft, daß die Billardkugeln präzise von den Banden zurückschnellen, für Wirbel auf dem samtgrünen Tisch sorgen. Plötzlich steht ein Gendarm in der Tür, fragt laut: »Wer ist der

Lehrer May?« Keiner Schuld bewußt, folgt ihm der 19jährige in die Polizeistation des Rathauses, wird wegen widerrechtlicher Benutzung fremder Sachen festgenommen. Was war geschehen?

Nach bestandener Prüfung am Seminar Plauen war May am 5. Oktober für 175 Taler Jahresgehalt als Hilfslehrer an der Armenschule des Städtchens Glauchau eingestellt worden. Sein Quartier nahm er bei Materialwarenhändler Ernst Theodor Meinhold (1835 – 1890), dessen junge Frau Henriette (1842 – 1891) nach wenigen Tagen ein Techtelmechtel mit dem Lehrer anfing und vom Ehemann in flagranti ertappt wurde.

Die schlimme Folge für May: Ausweisung aus dem Glauchauer Schulamt nach kaum 14 Tagen Praxis! Doch Glück im Unglück: In Altchemnitz suchten eine Kammgarn- und eine Baumwollspinnerei Fabriklehrer, wo May schon Anfang November anfing.

Bei einem Buchhalter, der eine Stube nebst Schlafstube allein bewohnte, wurde der Lehrer einquartiert. »So läßt es sich gar wohl begreifen«, reimte sich May später zusammen, »daß ich ihm nicht sonderlich willkommen war und ihm der Gedanke nahe lag, sich auf irgendeine Weise von dieser Störung zu befreien.«

Mit einer alten Taschenuhr nahm das Unheil seinen Lauf. May hatte vom Zimmergenossen die Erlaubnis, dessen alte Zwiebel bei den Schulstunden zu benutzen.

Danach, so vereinbarten beide, sollte May den Chronometer immer wieder an einem bestimmten Nagel der Stube aufhängen. In einem Anflug von Renommiersucht nahm May die Uhr jedoch Heilig Abend mit nach Ernstthal.

Dazu eine Pfeife und eine Zigarrenspitze des Buchhalters. Der zeigte den »frechen Diebstahl« sofort an, setzte noch an den Weihnachtsfeiertagen die Mühle der sächsischen Justiz in Bewegung. May wurde von der Kandidatenliste sächsischer Lehrer gestrichen.

Der Richter im Gerichtsamt Chemnitz, ein Mann mit dem Charme einer verrosteten Guillotine, verurteilte May wegen »widerrechtlicher Benutzung fremder Sachen« zur Höchststrafe - sechs Wochen Gefängnis im Chemnitzer Bretturm (vom 8. September bis 20. Oktober 1862).

Ein Bagatelldelikt hatte einen jungen Menschen zerbrochen, aller Zukunftspläne beraubt. Noch Jahrzehnte später hielten ihm haßerfüllte Gegner diesen Diebstahl vor, begründeten darauf gar die Behauptung, daß May ein geborener Verbrecher sei!

FESTNAHME IN LEIPZIG

Wenig Licht fällt durch die vergitterten Fenster der kleinen Bibliothek von Schloß Osterstein in Zwickau, wo sich 4000 Bände in halbhohen Regalen drängen.

Ein Mann sitzt an diesem trüben Apriltag des Jahres 1868 zwischen Stapeln arg zerfledderter Bücher, macht sich fleißig Notizen: Häftling Nummer 171, im bürgerlichen Leben Karl May!

In Gedanken hat er längst die Gefängnismauern des Zwickauer Arbeitshauses überwunden. Er träumt von einer Karriere als erfolgreicher Romancier, sieht sich als Bestsellerautor. Die Titel und Ideen für seine ersten 137 Romane hat er schon einmal zusammengetragen. Darunter ein Werk »Mensch und Teufel« in sechs Bänden, Erzählungen wie »Das Geheimnis des Contrebandisto«, »Arzt und Scharfrichter«, »Im alten Neste - Aus dem Leben kleiner Städte« , »Der Amerikaner« sowie »Im wilden Busche«...

Seit 14. Juni 1865 sitzt Karl May seine Strafe in dem zur Gefangenenanstalt umgebauten Schloß ab. Verschiedene Betrügereien, zuletzt ein gestohlener Biberpelz in Leipzig, hatten ihn am 8. Juni 1865 vor das Bezirksgericht Leipzig und schließlich hierher gebracht.

Es war die bittere Enttäuschung von der Welt, das himmelschreiende Unrecht, das ihm mit der Taschenuhr widerfahren war. May war innerlich zusammengebrochen, schlug sich als Musiklehrer durchs Leben und sann auf Rache.

»Die Hauptsache war, daß ich mich rächen wollte«, schrieb May später. »Rächen an dem Eigentümer jener Uhr..., rächen an der Polizei, rächen an dem Richter, rächen am Staate, an der Menschheit, überhaupt an jedermann.. Das dunkle Wesen führte mich an der Hand.«

Am 9. Juli 1864 spricht ein Augenarzt Dr. med. Heilig aus Rochlitz beim Schneidermeister des Ortes Penig vor, bestellt fünf Kleidungsstücke. Bei der Abholung untersucht er einen augenkranken jungen Mann im Haus, stellt ein Rezept aus und verschwindet ohne Bezahlung mit der Maßgarderobe. Acht Tage vor Weihnachten taucht May als Seminarlehrer Ferdinand Lohse aus Plauen in Chemnitz auf, ergaunert sich Bisampelze und Pelzkragen.

Die wechseln in Freiberg für 6 Taler den Besitzer. Auch Gutsbesitzer Fickler in Nauslitz bei Dresden wird von May mit Hehlerware betrogen.

Möglicherweise steckt er sogar hinter einem Einbruch in einen Uhrenladen in Niederwinkel bei Waldenburg.

Doch lange geht das nicht gut. Ende März ereilt ihn sein Schicksal. Am Nachmittag des 20. März 1865 gegen 3 Uhr meldet sich ein Formen- und Notenstecher Hermes bei der verwitweten Essigfabrikantin Johanna Rosine Hennig am Leipziger Thomaskirchhof 12. Die alte Dame hat per Annonce im »Leipziger Tageblatt und Anzeiger« einen Mieter gesucht. Der junge Mann wird der Polizei später als etwa 25 Jahre alt, mit blassem Gesicht, blondem, halblangen Haar, ohne Bart, ca. 73 Zoll groß und von schlanker Statur beschrieben.

Er ist bekleidet mit brauner Tuchtwine, grauen Hosen und einer Deckelmütze. May hält sich nicht lange in der Wohnung auf. Zielgerichtet läuft er zur Rauchwarenfirma Friedrich Erler am Brühl Nummer 73, läßt sich einen Biberpelz mit Futter und schwarzem Tuchüberzug für 72 Taler in die Wohnung am

Das Arbeitshaus Schloß Osterstein in Zwickau.

Thomaskirchhof bringen. Trickreich verschwindet er dort ohne zu bezahlen mit dem edlen Stück. Bei dem Versuch, die heiße Ware im Pfandhaus zu Geld zu machen, wird May am 27. März von Bürgern überwältigt und zum Polizeiamt gebracht – das vorläufige Ende eines abenteuerlichen Vagabundenlebens!

GEHEIMPOLIZIST UND PFERDEDIEB

Wegen guter Führung durch Gnadenakt des Sachsenkönigs Johann (1801 – 1873) am 2. November 1868 acht Monate vorzeitig aus dem Arbeitshaus entlassen, hätte May eigentlich seine hochfliegenden schriftstellerischen Pläne verwirklichen können.

Jedoch sein dämonischer Hang zu immer wechselndem Rollenspiel und sein fehlender Halt treiben ihn immer tiefer ins Verderben, in ein Inferno von Hochstapelei, Diebstahl und Betrug. Am Vormittag des 29. März 1869 erscheint May als Polizeileutnant von Wolframsdorf bei Krämer Karl Friedrich Reimann in Wiederau bei Mittweida.

Bei der angeblichen Suche nach Falschgeld beschlagnahmt er Silbermünzen, einen 10-Taler-Schein und des Krämers vergoldete Zylinderuhr. Dann begleitet der falsche Leutnant den verdutzten Händler zur Vernehmung nach Clausnitz. Dort führt beider Weg direkt in die Gaststätte, wo der gefoppte Wiederauer Krämer stundenlang vergeblich auf Nachricht aus der örtlichen Gendarmeriestation wartet. Am 10. April überrumpelt May, inzwischen zum Mitglied der geheimen Polizei avanciert, den

Seilermeister Krause in Ponitz bei Meerane mit der gleichen Masche: Geld abknöpfen, den der Falschmünzerei Beschuldigten zum Verhör mitnehmen.

Doch als sich May auf dem Weg zum Gerichtsamt Crimmitschau kurz vor Frankenhausen querfeldein aus dem Staub machen will, riecht der Seilermeister den Braten. Das erschwindelte Geld - 30 gute Taler - von sich werfend und mit einem Doppelterzerol drohend, gelingt dem falschen Geheimpolizisten die Flucht.

Doch längst läuft die Fahndung nach ihm. Die Gerichtsakten vermerken später weitere Schandtaten: Bei einem heimlichen Besuch seines Paten, des Ernstthaler Schmiedes Christian Friedrich Weißpflog (1819 – 1894), am 27. Mai schleppt er sogar einen Kinderwagen, ¼ Pfund Waschseife, eine Schirmlampe, zwei Bunde mit etwa 70 Sperrhaken und weitere Dinge in eine Höhle bei Hohenstein. Einen Gastwirt in Limbach erleichtert May am 31. Mai um fünf Billardbälle.

Vier Tage später stiehlt er in stockdunkler Nacht aus dem Stall des Gasthofbesitzers Schreier zu Bräunsdorf ein Pferd samt Trense, Halsriemen und Reitpeitsche. Als er den Gaul in Höckendorf dem Pferdeschlächter Voigt für 15 Taler verkaufen will, nahen seine Häscher. Ohne Geld sucht May schleunigst das Weite. Noch einmal schlüpft der Dieb am 15. Juni in eine fremde Haut, gibt sich bei Bäcker Wappler in Mülsen St. Jakob als Bote des Dresdner Advokaten Dr. Schaffrath aus.

Unter dem Vorwand, der Bäcker und seine drei Söhne würden in Dingelstädts Hotel in Glauchau zur Testamentseröffnung eines in Amerika verstorbenen Erblassers erwartet, lockt er alle Männer aus dem

Haus und erleichtert danach die Bäckersfrau mit dem Falschgeldtrick um 28 Taler.

Aber am 2. Juli wird die Polizei dann des völlig abgebrannten Mays habhaft, den man nachts um drei Uhr schlafend in der Kegelstube des Hohensteiner Gastwirts Engelhardt aufgreift.

Auf der Eisenbahnfahrt zu dem vom Staatsanwalt angeordneten Lokaltermin am Tatort des Pferdediebstahls gelingt May am 26. Juli bei Kuhschnappel die Flucht. Eine Großfahndung und Suchaktionen in den Wäldern rund um Hohenstein bleiben erfolglos.

Erst in der Nacht vom 3. zum 4. Januar 1870 entdecken Gendarmen der K.u.K.-Bezirkshauptmannschaft Tetschen im böhmischen Algersdorf in einer Scheune einen frierenden Landstreicher. Der Mann kann sich nicht ausweisen, nennt sich Albin Wadenbach und erklärt, daß er der Sohn eines reichen Plantagenbesitzers in der Karibik sei. Doch selbst die phantasievollsten Schilderungen können die Beamten nicht überzeugen. Ein Steckbrief mit Foto wird angefertigt und nach Sachsen geschickt, wo man den entflohenen Untersuchungshäftling May sofort identifiziert. Am 14./15. März wird er ins Bezirksgefängnis Mittweida überführt.

Bereits am 13. April 1870 erkennt das Königliche Bezirksgericht Mittweida nach öffentlicher, mündlicher Verhandlung für Recht, »daß Karl Friedrich May wegen einfachen Diebstahls, ausgezeichneten Diebstahls, und Betruges unter erschwerenden Umständen... mit Zuchthausstrafe in der Dauer von vier Jahren zu belegen... ist.«

»O clemens, o pia, o dulcis Virgo Maria« (O gütige, o milde, o süße Jungfrau Maria) - in der Waldheimer Anstaltskirche war die letzte Strophe des Salve Regina verklungen, die harten Bänke der Zuchthäusler hatten sich geleert. Da strich auch der Organist im gestreiften Häftlingsanzug mit seinen feingliedrigen Fingern ein letztes Mal behutsam über die Elfenbeintasten, klappte den Orgeldeckel zu: Karl May, Züchtling Nr. 402!

Am Dienstag, dem 3. Mai 1870, war der Rückfalltäter im ältesten und größten Zuchthaus Sachsens (rund 1 400 männliche und weibliche Insassen) eingeliefert worden. Seit dem Jahr 1716 diente das düstere Gemäuer - einst ein Jagdschloß der Sachsenfürsten - diesem Zweck. Jahrhundertelang erprobte Mittel wie Redeverbot, Stockhiebe, Essenentzug, angeschmiedete Eisenketten und Holzblöcke an den Füßen oder Schlafen ohne Strohsack sollten auch bei den hartgesottensten Elementen die kriminelle Energie brechen, gesetzestreue, willenlose Geschöpfe formen. Nicht umsonst galten Zuchthaus- und Todesstrafe als das härteste Los für einen Gesetzesbrecher in Sachsen.

»Meine Strafe war schwer und lang«, erinnert sich May, der in Isolationshaft saß, wie alle Gefangenen von den Wärtern mit »Du« angesprochen wurde und Zigarren wickeln mußte.

Trotzdem scheint May inmitten der gestrauchelten Kreaturen, der Mörder, Betrüger und Geisteskranken nach einigen Jahren der Anstaltsleitung aufgefallen zu sein. »Am nächsten Tage wurde ich in die Kirche geführt, an die Orgel gesetzt, bekam Noten vorgelegt und mußte spiclen... Ich bestand die Prüfung und mußte vor dem Direktor erscheinen, der mir eröffnete, daß ich zum Organisten bestellt sei...«

So wurde der Protestant May Orgelspieler in der katholischen Zuchthauskirche, einige Monate später wohl noch Bläser im Gefangenenorchester. Aus der Waldheimer Zeit oder aus früheren Jahren stammen sogar elf Kompositionen aus seiner Feder - allesamt inbrünstige Gebete einer frommen Seele in der Hölle des Lebens, die Halt in der Finsternis sucht. Darunter eine »Weihnachtskantate« für zwei vierstimmige Männerchöre und ein »Ave Maria« für zwei Männerchöre. Vielleicht wäre aus Karl May auch ein ganz brauchbarer Komponist geworden. Doch als er am 2. Mai 1874 – einem stürmischen Frühlingstag – die gefürchteten Mauern von Waldheim nach vier Jahren Strafverbüßung verließ, ging sein Weg in eine andere Richtung.

ALS REDAKTEUR IN DRESDEN

»Forster lag mit halb aus der Schulter gerissenem Arme blutend am Boden... Ein allgemeiner Schrei des Entsetzens erfüllte die Luft, und Jeder suchte sich zu retten. Es war eine Minute der größten Todesangst und Verwirrung.«

Mit fliegender Stahlfeder, in wacklig altdeutscher Schrift, wirft ein kleiner blonder Mann diese Zeilen aufs Papier. Er wütet geradezu in seiner Phantasie. Denn das Schreiben von Kriminal- und Abenteuerromanen, von spannenden Reisebegebenheiten ist die Freiheit, das Leben, seine Bestimmung.

Er ist in Dresden, endlich. Er arbeitet als Schriftsteller, endlich. Die große Wende im Leben des kleinen (1,66 Meter großen, 75 Kilogramm schweren) Karl May mit dem blonden Schnauzer und den graublauen Augen hat begonnen.

33jährig beginnt in Elbflorenz im März 1875 die legendäre Karriere eines der größten Geschichtenerzähler aller Zeiten. Das fünfte von 14 Kindern hat einen Job gefunden, als Redakteur beim Verlag Heinrich Gotthold Münchmeyer (1836 – 1892) in Dresden. Mit dem früheren Tanzmusikanten Münchmeyer, der 1862 ein Verlagsgeschäft mit diversen Groschenheften und Kalendern eröffnete, soll es schon in seiner Zwickauer Arbeitshauszeit Kontakte gegeben haben.

Das durch die verschärfte Haft in Waldheim zerschnittene Band war nun wieder geknüpft, die angebotenen 600 Taler Jahresgehalt eine verlockende Sicherheit. Schreiben, Umschreiben, Redigieren von Groschenromanen wird für ihn zum Ventil eines höchst aggressiven und phantasiebesessenen Charakters.

Die Arbeit am Schreibtisch bringt ihn vom Lebensweg der früheren Jahre ab, auf dem er vom Hilfslehrer zum Dieb und vielfachen Hochstapler geworden war.

Nun kann er in Kolportagegeschichten für das einfache Leserpublikum seine Träume ausleben. Für vier kurzlebige Wochenblätter, der »Beobachter an der Elbe«, das »Deutsche Familienblatt«, »Schacht und Hütte« sowie die «Feierstunden am häuslichen Heerde«, die sich an die einfachsten Menschen wenden, schreibt May deutsche Dorfgeschichten, exotische Novellen und populärwissenschaftliche Abhandlungen. Daneben findet er Zeit, für weitere Verlage und Zeitschriften zu arbeiten. So für die katholische Familienzeitschrift »Deutscher Hausschatz in Wort und Bild« – denn hier zahlt man ihm eine Mark pro Manuskriptseite.

Alles, was er erlebt und gesehen hat, fließt aus seiner Feder. Er schreibt sich frei, bewältigt sich selbst.

Die früheste Aufnahme von Karl May entstand in seiner Redakteurszeit um 1876.

Nach der Entlassung aus dem Zuchthaus Waldheim steht May noch zwei Jahre unter Polizeiaufsicht. Er wird kurzzeitig aus Dresden ausgewiesen, verkracht sich zeitweilig mit dem Verleger, der ihn mit seiner lasterhaften Schwägerin verkuppeln will.

Aber der schriftstellernde Journalist darf in die Elbmetropole zurückkehren, weiterschreiben: beispielsweise fünf Kolportageromane - die feinere Gesellschaft nennt sie allerdings Schundromane - mit insgesamt 12 390 Seiten.

Für diese Mammutarbeit benötigt May lediglich fünf Jahre! Der erste Riesenroman »Das Waldröschen oder Die Verfolgung rund um die Erde« erscheint ab November 1882 noch anonym. Beim Titel »Die Liebe der Ulanen« zeichnet May mit seinem Namen.

Die weiteren Bände tragen so verheißungsvoll kitschige Namen wie »Der verlorene Sohn oder Der Fürst des Elends«, »Deutsche Herzen und Helden«, »Der Weg zum Glück«. Jahre später wird er seine Urheberschaft an einigen gar zu freizügigen Passagen bestreiten, von selbsternannten Tugendwächtern kritisierte Stellen Münchmeyer in die Schuhe schieben. Wie es auch sei – May ist der begnadete Schnellschreiber. Seine Honorare sind noch kümmerlich, aber er ist auf dem Weg in eine gebändigte Bürgerlichkeit.

WINNETOUS GEBURT

Spricht Deutschland von Karl May, wird meist im gleichen Atemzug der furchtlose Apachenhäuptling Winnetou genannt. Der rote Mann, den May unsterblich machte, obwohl er nachweislich nie existierte.

Die Idealfigur des nordamerikanischen Indianers, der sensibel und furchtlos, leidenschaftlich und gottesfürchtig durch eine feindliche Welt reitet. Bis heute hat das Meisterstück des sächsischen Fabulie-

Die früheste Winnetou-Abbildung in dem May-Werk
»Der ferne Westen« aus dem Jahre 1879.

sich allein vier Bände der berühmten Gesammelten Werke schon im Titel um den edlen Häuptling.

Dabei war die literarische Geburt des Indianerheroen weniger spektakulär. Anfang September 1875 startete der frischbackene Münchmeyerredakteur Karl May im »Deutschen Familienblatt« die Fortsetzungsserie »Aus der Mappe eines Vielgereisten«.

Auf den Seiten 8 bis 11 entführt er die Leser erstmals an den Unterlauf des Mississippi nach Amerika, erstmals in die Welt der Indianer. Dorthin, wo der tapfere Siouxhäuptling In-nu-woh ein Kind vor einem Tiger und den Reißzähnen einer Meute von Krokodilen rettet. May mangelte es wohl an Autoren für sein Blatt. Denn an die nordamerikanische Episode schließt sich auf fünf Seiten von ihm gleich noch eine Humoreske an, die er »Ein Stücklein vom alten Dessauer« nennt. Über den legendären Fürsten Leopold von Anhalt Dessau (1676 – 1747).

Ein paar Wochen später ist von In-nu-woh keine Rede mehr. Doch der Familienblattabonnent darf wieder Prärieluft schnuppern: Mit Old Firehand, der im Kampf fällt, und seinem roten Bruder, dem Apachenhäuptling Winnetou. Noch ist der Apache ein in die Jahre gekommener, über 50jähriger Skalpjäger, der Zigarren kaut, bedenkenlos Blut vergießt und Feinde skalpiert, seine blutigen Trophäen am Wigwam aufknüpft! Nicht der edelmütige Indianer mit den weichen Zügen, der auch bei feindlich gesinnten Stämmen höchstes Ansehen genießt und den May in späteren Romanen als getauften Christ im Alter von 32 Jahren sterben läßt.

Doch seit jenen Tagen reitet der rote Gentleman durch Mays Phantasie und viele Zeitungsartikel, aus denen später die dicken Romane entstehen. 1878

taucht Winnetou erstmals im Titel einer Reiseerzäh-
lung auf, die das Hamburger Wochenblatt »Omnibus«
veröffentlicht. Ein Jahr später ist das unschlagbare
Duo Winnetou – Old-Shatterhand im »Deutschen
Hausschatz« präsent. Die erste mehrfarbige Illustra-
tion Winnetous ist in Mays Buch »Im fernen Westen«
aus dem Jahre 1879 zu finden. 1893 erschien
Winnetou I als selbständiger und bis heute erfolg-
reichster aller Bände des genialen Ernstthalers.

SPIRITISTIN EMMA

Mitternacht. Die schweren Samtvorhänge sind zuge-
zogen, Hunde und Dienstmädchen aus dem Haus. Nur
die Astrallampe flackert mit bläulichem Dämmer-
schein, wirft ihre magischen Schatten auf die fahlen,
vor Müdigkeit aufgequollenen Gesichter. Süchtig sitzt
die verschwiegene Gesellschaft im dämmrigen Stüb-
chen um den kleinen runden Geistertisch mit dem
Psychographen.

   Die Augäpfel quellen fast heraus, die Schläfen
sind gestrafft, die Spannung steigt von Minute zu
Minute, man hört es förmlich knistern. War das schon
ein Klopfzeichen aus dem Jenseits? Wird sich Gotthilf
heute wieder melden? Gastgeber der Seance: Karl und
Emma May!

   Emma Lina Pollmer (1856 – 1917) – der Dichter
lernte seine erste Frau Mitte 1876 in Ernstthal kennen.
Sie war gerade 19 Jahre alt, als der 34jährige Jung-
geselle den Reizen der verwöhnten, üppigen Lokal-
schönheit erlag.

»Sie war schön, sogar sehr schön! Dabei so still und schweigsam! Ich hasse belfernde Frauen und ahnte nicht, daß die Mühle nur meinetwegen stand, sonst aber immerwährend klapperte«, resümiert May 31 Jahre später. »Sie war die bescheidenste von Allen, und sie überlegte jedes Wort, bevor sie es sprach... Und wie klug, wie belesen sie war! Wie genau ihre

Karl und Emma May mit Schoßhündchen,
um 1890.

Gefühle und Ansichten mit den meinigen harmonierten! Ich wußte damals freilich nicht, daß sie meine >Geographischen Predigten< vorher eifrig durchgenommen hatte. Daher auch ihr stilles, nachdenkliches, behutsames Wesen. Sie fürchtete, daß ihr Gedächtnis falsche Sprünge machen und sie verraten werde.«

Mays durch die langen Jahre der Haft bedingter Sexualstau entlädt sich. Emma ist ein uneheliches Kind – eine vom Schicksal Geschlagene, wie er. Man ist viele Nächte beisammen. Noch steht einer ehelichen Verbindung beider Emmas Großvater Christian Gotthilf Pollmer (1807 – 1880) im Wege. Doch als den alten Mann im Mai 1880 ein Schlaganfall hinwegrafft, wird Mitte August bürgerlich in Ernstthal und einen knappen Monat später in der Kirche geheiratet.

Danach lernt May erstmals auch die andere Seite seiner Frau kennen – ihren Spiritismus! Fortan gehören das Tischrücken mit befreundeten Familien, das Studium einschlägiger Literatur und die Besuche spezieller Medien, die zur Kontaktaufnahme mit Verstorbenen besonders begabt sind, zum Alltag der Mays. Man besucht Wahrsager und Kartenschlägerinnen. 75 Bücher mit Geheimlehren zieren später die Hausbibliothek. Wohin sollte man reisen? Von wem Geld borgen? Wem vertrauen – zu allem werden die Geister befragt!

Mit Spiritisten wie dem Dresdner Professor und Heilmagnetiseur Hofrichter oder dem nach Lawrence in Massachusetts ausgewanderten sächsischen Arzt Dr. Ferdinand Pfefferkorn (1841 – 1916) steht man in recht regem Kontakt. Später weilt sogar Deutschlands berühmteste Geisterexpertin Anna Rothe (1850 – 1907) im trauten Heim.

Im April 1883 zieht May mit Gemahlin nach Dresden-Blasewitz, ganz in die Nähe seines Verlegers. Das sieht nach Zusammenarbeit aus. In Wirklichkeit aber stellt Verleger Münchmeyer der flotten Emma nach. May hat sie für die ideale Schriftstellerfrau gehalten – doch bald ist er anderer Meinung:

»Kaum waren wir da eingezogen, so stellte sich Münchmeyer als Hausfreund ein. Er brachte seine Violine mit; er war nämlich früher auch Dorfmusikant gewesen und hatte zum Tanze aufgespielt; nun gich und geigte er bei mir, und ich hatte die Ehre, ihn auf dem Piano begleiten zu dürfen. Meiner Frau aber drangen all die süßen Walzer, Rutscher und Hüppel-schottische in das Herz... Zum Dank wurde ich dann noch im Skat und auf dem Billard betrogen, was ich ruhig über mich ergehen ließ, um Gemeinheiten vor-zubeugen. Dieser immerwährende, rücksichtslose Verkehr bei mir brachte mich nicht nur um meine

Titelbilder der Münchmeyer-Romane von Karl May.

kostbare Arbeitszeit, sondern auch um meine Seelen-
ruhe, um das innere Gleichgewicht. Es ist wahrlich
kein Spaß, Tag für Tag, Woche für Woche und Monat
für Monat nur immer aufpassen zu müssen, daß der
liebestolle Hausfreund Einem nicht über die Frau
geräth!«

May entdeckt Fälle von Untreue, Emmas Nei-
gung zu lesbischer Liebe, ihre Geltungssucht – dennoch porträtiert er sie immer wieder in seinen
Groschenromanen, durchaus sympathisch.

Die Ehe ist ein Kampf ums Überleben. Mehr-
mals muß das Ehepaar aus finanziellen Gründen die
Dresdner Wohnung wechseln.

DIE SHATTERHAND-LEGENDE

Bis 1891 gelingt es Karl May - da ist er bereits 49 -
sich eine einigermaßen solide wirtschaftliche Basis zu
verschaffen. Schriftsteller wie Peter Rosegger (1843 –
1918) schätzen ihn und seine phantastischen Erzählungen.

Alle meinen, dieser Karl May sei ein weitgereis-
ter Mann, der Nordamerika und den Mittleren Osten
wie seine Westentasche kennt. Dabei hat er bis dahin
den Dunstkreis von Sachsen kaum verlassen.

Die Zusammenarbeit mit Münchmeyer ist beendet. Seit 1887 schreibt May beginnend mit »Der Sohn
des Bärenjägers« in der Knabenzeitschrift »Der gute
Kamerad« jene Erzählungen, die noch heute zu seinen
meistgekauften Werken zählen: »Die Sklavenkara-
wane«, »Der Ölprinz«, »Der Schatz im Silbersee«,
»Das Vermächtnis des Inka"... Endlich meldet sich

bei May auch ein Verleger, der dem Genius die Welt der Bücher öffnet, ihm Sicherheit und Anerkennung bietet: Friedrich Ernst Fehsenfeld (1853 – 1933)! Der achte Sohn eines Landpfarrers aus der Nähe von Göttingen ist 11 Jahre jünger als Karl May. Am 11. November 1891 besucht er den inzwischen nach Kötzschenbroda (heute Radebeul) übergesiedelten Schriftsteller, schließt mit ihm den Verlagsvertrag und begründet die Reihe jener legendären grünen Karl-May-Bände, die seit über 100 Jahren in Buchhandlungen zu finden sind.

Die Auflagen der Reiseromane schnellen in die Höhe. 100 000 pro Jahr werden verkauft. Die beachtlichen Honorare (30 000 Mark jährlich) erlauben im November 1895 den Kauf einer neu erbauten Villa für

Das frühere Wohnhaus »Villa Shatterhand« und heutige Hauptgebäude des Radebeuler Karl-May-Museums.

37 300 Mark auf der Radebeuler Kirchstraße 5: Mit Salon, Musikzimmer, Speise-, Studier- und 2 Bibliothekszimmern, Schlafzimmer, 2 Gastzimmern, Hausmädchenstube, Küche mit großem Herd, Obstkammer, Wäschekammer, Wasch-, Holz- und Kohlenhaus, Weinkeller, Speisekeller, prächtigem Garten mit Obstbäumen, Spalierwein, Erdbeeren...

Noch bevor man um die Weihnachtszeit einzieht, läßt Karl May in großen, vergoldeten Buchstaben unterm Giebel die Aufschrift »Villa Shatterhand« anbringen. Im Garten entsteht auf künstlichem Fels ein chinesischer Pavillon, die Gemächer werden mit kostbaren Waffen, mit Fellen wilder Tiere, gold- und silberdurchwirkten Vorhängen, Teppichen und Trophäen ausgeschmückt – von Karl May bei seinen »Weltreisen« selbst erbeutet, Feinden abgenommen! Man könnte ihn für einen Millionär halten.

Doch eines ist für seine Leser längst klar: Old Shatterhand und Kara Ben Nemsi sind nur Pseudonyme des abenteuererprobten Schriftstellers Karl May. Der kostet den Nimbus aus und läßt ihn sich auch einiges kosten. Visitenkarten mit der Aufschrift »Dr. Karl May, genannt Old Shatterhand, Radebeul-Dresden, Villa Shatterhand« werden gedruckt.

May posiert 1896 für 101 Fotomotive, die mit seiner eigenhändigen Unterschrift bald für 1,25 Mark das Stück zum Verkauf gelangen: der berühmte Weltreisende mit Ketten von Bärenzähnen um den Hals, mit Revolver, mit Silberbüchse und Bärentöter, mit einem ausgestopften Löwen, mit dem Fell eines Präriewolfes, mit verklärtem Blick vor einer bemalten Leinwand robbend, mit Turban, als Beduine...

Der Sohn eines armen Webers und einer Hebamme ist auf der Höhe seines Ruhmes. Seine dunklen Mannesjahre sind aus dem Gedächtnis verdrängt, allzu neugierige Leser erfahren höchstens, daß er irgendwo in Bayern geboren wurde. Auch von einem Hohenburg ist gelegentlich die Rede. Dafür wird er um so mitteilsamer, wenn Fragen zu den Reisen kommen. »Ja ich habe das Alles und noch viel mehr erlebt. Ich trage noch heute die Narben von den Wunden, die ich erhalten habe.« oder „Ich habe jene

Reiseschriftsteller Karl May bei der Arbeit.

Länder wirklich besucht und spreche die Sprachen der betreffenden Völker... Die Gestalten, welche ich bringe haben gelebt oder leben noch und waren meine Freunde...«, formuliert er in unzähligen Briefen.

Vor der 17bändigen Ausgabe des Brockhaus, Petermanns geographischen Nachrichten und seinen anderen zahlreichen Nachschlagewerken, Fach- und Reisebüchern sitzend, antwortet er im Rausch sensationell hoher Auflagen und ständig wachsender Lesergunst: »Jeder Fachmann wird aus meinen Werken ersehen, daß ich solche Studien unmöglich in der Studierstube gemacht haben kann.«

Logisch, daß die Reiseromane fortan Reiseerzählungen heißen. In seiner Radebeuler Villa kann sich May vor Verehrerbesuchen und Postbergen kaum noch retten. Und er wird aus ganz Deutschland eingeladen: Vom Kaffeehausbesitzer, von jungen Mädchen, Fabrikanten, Baronen, Grafen, aus München von Prinzessin Wiltrud von Bayern (1884 – 1975), aus Wien sogar von Ihrer Kaiserlichen Hoheit, Erzherzogin Marie Therese (1855 – 1944)!

Staunend, ergriffen, mit Schaudern lauscht man allerorten dem sächselnden Abenteurer, glaubt ihm fast jedes Wort. Auch seine Sprachkenntnisse – er will bescheidene 40 Sprachen sprechen und 1200 verstehen: »Ich spreche und schreibe: französisch, englisch, italienisch, spanisch, griechisch, lateinisch, hebräisch, rumänisch, arabisch 6 Dialekte, persisch... Lappländisch will ich nicht mitzählen.«

Doch nicht überall schluckt man so unkritisch, was May vom Stapel läßt. Selbstsicher ersucht er am 10. Oktober 1898 die Schriftleitung des Radebeuler Adreßbuches, seinen Doktortitel abzudrucken. Als er Beweise schuldig bleibt, sich nur auf eine höchst dubiose Universität Rouen in Frankreich berufen kann, verbietet ihm einen Monat später die Amtshauptmannschaft Dresden-Neustadt die Führung des Titels.

Hin und wieder entdecken spitzfindige Leser sogar verblüffende Ähnlichkeiten ganzer May-Passagen mit Lexikonkapiteln...

SILBERBÜCHSE, BÄRENTÖTER UND HENRYSTUTZEN

Die letzten Gäste sind aus dem Haus, selbst im Zimmer des Dienstmädchens ist das Licht gelöscht. Doch der Hausherr ist hellwach.

Mit einem Topf starkem Kaffee schlurft er in sein Arbeitszimmer, schließt sorgfältig die Tür hinter sich ab. Auf dem zierlichen Schreibtisch, dessen Füße der Tischler für den Sitzriesen extra verlängert hat, liegen starke Zigarren bereit. Mit geübter Hand nimmt Karl May die erste, dreht sie zwischen den Fingern, riecht prüfend an ihr und schneidet die Spitze ab. Nach wenigen Minuten durchzieht den Raum ein würziger Duft, umwallt Zigarrenqualm den kleinen Mann, dessen Gedanken langsam zu kreisen beginnen, sich immer schneller bewegen. Jetzt ist der Moment gekommen, wo er die Feder ins Tintenfaß taucht, seine sprühende Phantasie in Buchstaben gießt. Wo er wie ein Sklave das leere, weiße Papier mit Ketten von Worten füllt, in die Rollen seiner Helden schlüpft, mit ihnen jubelt, leidet, stirbt. Es scheint eine geheimnisvolle Macht zu sein, die ihn regelmäßig die ganze

Nacht hindurch bis zum Morgengrauen an den Tisch fesselt.

Seit Jahren geht das schon so. Manchen Morgen weiß er nicht, was er am Abend schrieb. Schon gar nicht, was er dem Verleger vor einer Woch geschickt hat. Da müssen Manuskriptteile zurückgefordert werden. Trotzdem unterlaufen ihm mitunter folgenschwere Fehler. Wie bei Winnetou. Im ersten Band tötet den Häuptling die mörderische Kugel eines Weißen. Im dritten Band plötzlich ein Indianer! Später wird das natürlich korrigiert.

Und die Leser stellen immer kniffligere Fragen. In der Art: »Hochverehrter Doktor May. Sie schreiben doch, daß Ihr Freund Winnetou am 2. September 1874 im Thale des Metsurflusses mit sämtlichen Waffen und vollständigem Kriegsschmuck begraben wurde. Wie kann es da sein, daß ich Sie in Nummer II des jüngst erschienenen 13. Jahrganges des Deutschen Hausschatzes mit Winnetous Silberbüchse abgebildet

Karl May in seiner Bibliothek.

sehe? Handelt es sich um eine Kopie des berühmten Gewehrs oder ist die Bildunterschrift nicht korrekt?«

Doch May bringt solche Detektivarbeit seiner Leser kaum in Verlegenheit. Strolchten doch die als schlimme Grabplünderer berüchtigten Ogellallahindianer um Winnetous letzte Ruhestätte. Um denen die Silberbüchse nicht zu überlassen, nahm er sie später aus dem Grab heraus.

»Es gab im Westen drei Gewehre, an deren Berühmtheit kein viertes reichte; das waren Old Shatterhands Henrystutzen, sein Bärentöter und Winnetous Silberbüchse«, kann man seit 1894 in Karl Mays »Der Ölprinz« lesen.

Winnetous berühmte Waffe und die beiden anderen legendären Zaubergewehre – noch heute drücken sich Besucher an ihrer Vitrine im Radebeuler KarlMay-Museum fasziniert die Nase platt. Sie sollen vom Trödler am Dresdner Altmarkt oder von fahrendem Zirkusvolk stammen, wird seit Anfang des Jahrhunderts gemunkelt. Doch woher holte May sie wirklich?

Karl-May-Forscher Dr. Klaus Hoffmann fand 1959 heraus, daß Winnetous Silberbüchse im März 1896 von dem relativ unbekannten Dresdner Büchsenmacher Oskar Max Fuchs (1873 – 1954) auf der Schanzenstraße 7 gebaut wurde. Als einen gewöhnlichen Vorderlader mit zwei Läufen und Perkussionsschlössern setzte ihn Fuchs aus handelsüblichen Einzelteilen zusammen. Nicht einmal die Silbernägel, die der Waffe ihren Namen gaben, waren echt. Man verwendete verzinnte Messingnägel in der Form fünfzackiger Sterne, die damals vor allem der Verzierung von Gründerzeitkanapees dienten!

1920 ließ Mays Witwe beim gleichen Büchsenmacher ein Duplikat der Silberbüchse anfertigen, die unschönen Nägel durch echte aus Silber ersetzen, die aus Münzen gefertigt wurden. Übrigens: Die ganze Silberbüchse ist zum Schießen völlig ungeeignet!

Dr. Karl May mit Winnetous Silberbüchse auf einer Grußpostkarte, die der Dichter selbst verschickte.

So wie der doppelläufige Bärentöter von aller-
schwerstem Kaliber, mit dem May noch 1800 Meter
entfernte Ziele treffen wollte. Die in den Reiseerzählungen »ein alter Feuerspeier aus der Zeit vor zwei-
hundert Jahren« beschriebene Waffe stammt eben-
falls aus der Werkstatt Fuchs.

Auch den Henrystutzen - Mays Lieblingswaffe,
»das einzige Gewehr der Welt, welches 25 Schüsse
hat« - bezog der Dichter bei Fuchs. Dieser hatte die
originale Winchester Rifle, Modell 1866, im Jahre
1902 aus der Schweiz beschafft.

DIE ORIENT-REISE

»In meiner Satteltasche steckt etwas gewöhnliches
Papier, und ein wenig Ssamgh (Gummi arabicum)
zum Zukleben holt mir die Frau des Scheikes aus
ihremToilettentopf«,entschuldigt sich Karl May am 6.
Juni 1899 in einem langen Brief an den Chefredakteur
der »Pfälzer Zeitung«. Und dann fährt er fort: »Ich
gehe jetzt nach dem Sudan. Die Engländer dulden das
nicht, darum reite ich als Kara Ben Nemsi meine alten
Karawanenwege. Dann will ich über Mekka nach
Arabien zu meinem Hadschi Halef und mit ihm durch
Persien nach Indien...«

Wo sitzt der Mann, der solches schreibt? Auf der
Terrasse eines Hotels in Assuan, genüßlich Kaffee
schlürfend, wüste Geschichten ausdenkend! Dies ist
nur einer von hunderten Grüßen an Deutschland, die
Karl May, 57 Jahre alt, von der ersten wirklich großen
Reise seines Lebens verschickt. Noch ist er nur weni-

ge Wochen unterwegs, kann er die notorische Renommiersucht, die Träumerei nicht lassen.

Doch bald werden seine Träume Alpträume. Schneller als er denkt, holt ihn die schmerzliche, unbarmherzige Wirklichkeit des Orients ein. Diese Reise wird sein Leben verändern, wird sämtliche Phantasiegebilde früherer Erzählungen, seine ganze

Auf dem Kamel vor den Pyramiden von Gizeh:
Karl May, Klara Plöhn und Emma May.

Abenteuerwelt wie ein Kartenhaus zusammenbrechen lassen, ihm die Lust am Fabulieren nehmen.

Am 26. März 1899, früh 8.50 Uhr, reist der Schriftsteller Karl May von Dresden nach Frankfurt ab. Über Frankfurt, Lugano geht es bis nach Genua, wo er sich beim Norddeutschen Lloyd auf dem Dampfer »Preußen« einschifft und am 9. April Port Said erreicht. Mit dem Baedeker in der Hand strolcht May im weißen Baumwollanzug, mit Tropenhut, Fliege und Monokel bis Dezember auf ausgetretenen Touristenpfaden durch Afrika. Am 23. Mai engagiert er sich für ein Jahr einen arabischen Diener namens Sejd Hassan, den er Sejjid Omar nennt. Kairo, Luxor, Beirut, Haifa, Nazareth, Jerusalem, Aden sind einige seiner Reiseziele. Er besucht Ceylon und Sumatra. Deprimierend, wie traurig das Leben im Orient ist. Kein Scheich empfängt ihn.

Die Hitze und der Wind treiben ihn immer schnell in die Hotels zurück. Das einheimische Essen dreht ihm den Magen um. Statt mit wilden Beduinen und bösen Derwischen kämpft er gegen Wanzen und Flöhe. Nicht einmal auf ein Kamel kommt er allein hoch.

Dann läßt er seine Frau ins Morgenland nachkommen. Emma, der die Wechseljahre starke Unterleibsschmerzen bereiten und die sich deshalb die weite Reise allein nicht zutraut, bringt ein befreundetes Radebeuler Ehepaar mit: Verbandstofffabrikant Richard Alexander Plöhn (1853 – 1901) und Gemahlin Klara, geborene Beibler (1864 – 1944)!

Seit Anfang der neunziger Jahre vereint beide Ehepaare das Interesse am Spiritismus. Mit längerer Reiseunterbrechung, die ein Nierenleiden des korpulenten Fabrikanten Plöhn notwendig macht, besucht man unter anderem gemeinsam die Pyramiden von Gizeh, Jerusalem, Jericho, Baalbeck und Damaskus. Souvenirs werden überall reichlich gekauft. Darunter zwei Dornenkronen, ein Paschasattel mit orientalischem Reitzeug, Kruzifixe, Flöten, sechs Wasserpfeifen, Holzpantoffeln. Erst am 31. Juli 1900 - für May waren es immerhin 16 Reisemonate - treffen alle wieder in Radebeul ein. Hier verbringt man die Zeit immer häufiger am Krankenbett in der Fabrikantenvilla Gellertstraße Nr. 5. Denn die chronische Nierenentzündung (Morbus Brightii) Plöhns verschlimmert sich von Woche zu Woche. Knocheneiterungen, Lungen- und Herzleiden des Patienten kommen hinzu. Am 14. Februar 1901 stirbt Richard Plöhn und wird zunächst in einem Erdgrab bestattet.

Doch sofort beginnt Witwe Klara mit der Verwirklichung eines Planes, den die Ehepaare May und Plöhn in der Mondnacht des 14. Juli 1900 auf der Akropolis in Athen gefaßt hatten. Dort waren sie spontan von dem kleinen Nike-Tempel (erbaut 421 v. Chr., acht Meter hoch) begeistert, daß man beschloß, in Radebeul eine Kopie des zierlichen Säulenbaus als gemeinsames Grabmal zu errichten. Klara Plöhn beauftragte den Architekten Paul Friedrich Ziller (1846 – 1931) aus der bekannten Radebeuler Baumeister- und Architektenfamilie Ziller mit dem Entwurf und Bau des Sandstein-Mausoleums. Aus einem weißen Marmorblock schuf Bildhauer Selmar Werner (1864 – 1953) eine Engelgruppe mit lebensgroßen Figuren: Ein Erzengel empfängt eine Frau - die zum Himmelstor aufsteigende Seele der Verstorbenen! Rechts daneben stehen zehn weitere Engel. Totensonntag 1903 war alles vollendet. Die Umbettung Richard Plöhns erfolgte jedoch schon ein Jahr zuvor.

GEISTER BEFEHLEN: SCHEIDUNG!

Ein Augustmorgen im Jahre 1902 auf dem 1 360 Meter hohen Mendelpaß bei Bozen in Südtirol. Nach dem Frühstück im Hotel Penegal übergibt Karl May seiner Ehefrau Emma mehrere handschriftliche Seiten, die Klara Plöhn in der Nacht als Geisterbotschaften aus dem Jenseits empfangen haben will.

Die Nachrichten der Toten erschrecken die 46jährige, die 22 turbulente Ehejahre mit dem berühmten Schriftsteller hinter sich hat. Denn schwarz auf weiß steht da geschrieben: »Wenn Du jetzt nicht unseren Willen tust und das unterschreibst, was Dir Karl vorlegt, dann wehe! wehe! wehe!«

Seit Tagen hatte sie sich standhaft geweigert, in die Ehescheidung einzuwilligen. Doch jetzt bricht die fanatische Spiritistin zusammen, erfüllt die Befehle ihrer toten Verwandten, unterschreibt. Vieles über diese düsteren Tage wird wohl ewig im Dunkel bleiben. Auch spätere Recherchen und Gerichtsverfahren konnten keine endgültige Klarheit bringen. Auf jeden Fall erhebt Karl May am 10. September 1902 Scheidungsklage gegen Emma. Unter anderem führt er an, daß beide seit Ende August 1902 getrennt leben, seit 18 Monaten keinen Geschlechtsverkehr haben, die Ehefrau ihn fortgesetzt heimlich bestohlen, wichtige Geschäftsbriefe verbrannt, in gehässigster Weise behandelt und beschimpft habe. Die meisten Vorwürfe sind an den Haaren herbeigezogen. Aber schon am 14. Januar 1903 werden beide geschieden. Am 30. März heiratet Karl May Klara Plöhn. Wie kam es zu diesem traurigen Ehefinale?

Gleich nach Richard Plöhns Tod nahm Emma May die 37jährige Fabrikantenwitwe in der Villa

Shatterhand auf. Und gegen ein Jahresgehalt von 3000 Mark stellte May die langjährige Familienfreundin und schwesterliche Helferin als Sekretärin ein. Ihre Aufgabe: Tausende Leserbriefe zu beantworten und mit dem Namenszug Emma May zu unterschreiben.

Karl und Klara May im Garten ihrer
»Villa Shatterhand«.

Von der heimlich Intrigen spinnenden Klara Plöhn – Emma nennt sie nur »Das Mausel« - ist Karl May sehr angetan. »Frau Plöhn war begeisterte Leserin von mir und besaß ein sehr ernstes und tiefes Verständnis für all mein Hoffen, Wünschen und Wollen«, schreibt der Meister über die zutrauliche, junge Witwe. Und: »Sie arbeitete sich mehr und mehr in meine Gedankenwelt und meinen Briefwechsel ein...«

Von Tag zu Tag macht sie sich immer unentbehrlicher. May findet bei ihr all das, was er bei der hysterischen Emma vermißt. Die eigene Ehefrau erscheint ihm fremd und unheimlich. Zuletzt hat er nur noch Verachtung für sie übrig, gießt Schmutzkübel über sie aus, verlegt sich auf Haßtiraden. »Meine Frau ist mir...«, resümiert er später in seiner Schrift ›Frau Pollmer, eine psychologische Studie‹, »niemals wirklich Frau, sondern nur Haushälterin gewesen... Geist hat sie nie gehabt; ihre Seele habe ich nie besessen, schließlich verzichtete ich auch noch auf ihren Körper...«

Über einen einstigen Liebhaber seiner Ex-Frau schreibt May: »Der Mensch dauerte mich. Er war das Opfer der Pollmerschen Dämonen, grad so wie ich. Er hatte sich in das spiritistische Netz meiner Kreuzspinne verwickelt und besaß nicht mehr die Eigenkraft, sich dagegen zu wehren, von der occulten, hypnotischen und suggerirenden Schwindlerin geschlechtlich und moralisch entmannt und aufgefressen zu werden.«

Zuletzt fürchtete May sogar einen Giftmordanschlag: »Ich sah mich von nun an gezwungen, beim Essen größte Vorsicht anzuwenden. Ich konnte überhaupt schon fast nichts mehr essen und lebte nur noch von ein Bischen Milch und Obst... der Verfall trat ein und nahm so rapid überhand, daß es nur noch einen einzigen Gedanken für mich gab: Entweder los von dieser Bestie, oder ich sterbe entweder an Gift oder verhungere bei lebendigem Leibe!«

Seiner geschiedenen Frau, die sich in Weimar ansiedelt, zahlt Karl May pro Monat 250 Mark Rente. Nachdem Emma bei einem Prozeß gegen May aussagt, die Scheidung anficht, stellt ihr Ex-Mann die Zahlung 1909 ein und überweist ab 1. Januar 1910 nur noch 200 Mark monatlich. Im Februar 1916, vier Jahre nach Karl Mays Ableben, weist man Emma Pollmer als Geisteskranke in die Königliche Landes-anstalt Sachsen in Arnsdorf ein, wo sie 61jährig am 13. Dezember 1917 stirbt. Der Gottsacker der An-stalt, wo die unglückliche Frau ihre letzte Ruhe fand, wurde 1945 eingeebnet.

HOCHZEIT BEI BILZ

Ein sonniger Tag mit Fernsicht bis ins Osterzgebirge im Oktober des Jahres 1907. Der goldene Herbst malt die Bäume der Lößnitz im milden Elbtal bunt. Wer durch die Alleen im noblen Dresdner Villenvorort schreitet, den manch einer sogar »Sächsisches Nizza« nennt, hört das Laub rascheln.

Ein leichter Wind weht immer wieder Musikfetzen von der Terrasse des berühmten Bilz-Sa-natoriums durch die Luft, wo ein Salonorchester flot-te Walzer spielt. Im großen Klinikpark defilieren Frauen in edlen weißen Kleidern neben Männern im schwarzen Frack. Mädchen mit Schleifen im Haar und

Jungen mit Pluderhosen kommen von der Barfußwiese. Minutenlang hatten sie still sitzen, für einen Lichtbildner posieren müssen, der die 43köpfige Hochzeitsgesellschaft mit einem Monstrum von Kamera auf seine Fotoplatte zu bannen versuchte. Jetzt zerstob die Feierrunde in alle Himmelsrichtungen: Zu den murmelnden Weihern, den künstlichen Ruinen, den Aussichttürmen, den Lufthütten und den mit Obstbäumen bepflanzten Weinbergsterrassen. Zwei alte Herren mit ihren Gemahlinnen, umringt von einem dutzend Gäste, streben einer weiß lackierten Bank zu: Sachsens Altvater der Naturheilkunde Friedrich Eduard Bilz (1842 - 1922) und Karl May!

»Mein lieber Bilz«, hört man eine vielen Radebeulern wohl vertraute, leicht näselnde Stimme plaudern. »Das ist ja eine ganz fabelhafte Hochzeit. Und Töchterchen Gertrud zum zweiten Male so gut unter die Haube zu bringen, noch dazu mit dem Junior des Druckereibesitzers - eine wahre Kunst. Das erinnert mich an so manche Häuptlingshochzeit in den Staaten drüben, wo ich immer als Ehrengast geladen bin. Und deshalb fehlt mir hier auch was. Zu einer Hochzeit gehören doch saftige Büffelsteaks, am besten selbst geschossen!«

Der Rest geht in Mays schallendem Gelächter unter.

Nur Bilz nimmt die Sache ernster als gedacht, zupft sich am prächtigen, weißen Kinnbart und entgegnet barsch: »Lieber Freund des Hauses, da ich nun schon seit zehn Jahren als der Naturarzt Hermann Rost in deinem Werk >Weihnacht< verewigt bin, nur soviel. Ich habe prinzipiell nichts gegen gelegentliche Fleischkost einzuwenden. Doch meine vegetarischen Gemüseschnitten, eine Suppe mit frischem Kerbel oder ein gefüllter Sellerie - das braucht unser Körper! Warte noch ein, zwei Jahre, dann bin ich mit meinem Gesundheits-Kochbuch fertig. Da könnt ihr alles schwarz auf weiß nachlesen.«

Das Naturheil- und das Dichtergenie - beide wurden im Jahre 1842 und nur 15 Kilometer Luftlinie voneinander geboren. Und beide Männer verschlug es fast zur gleichen Zeit nach Radebeul. 1890 hatte der durch sein sensationelles Gesundheits-Lexikon »Bilz, das neue Heilverfahren, ein Nachschlagebuch für Jedermann in gesunden und kranken Tagen« vermögend gewordene Friedrich Eduard Bilz ein Anwesen in der damals noch selbstständigen Gemeinde Oberlößnitz gekauft.

1892 erhielt er die Genehmigung zum Betreiben einer Heilanstalt für 15 Kranke. Später entstanden große Klinikbauten, kurten bis zu 180 Patienten auf einmal in dem Sanatorium. Ein alkoholfreies Erfrischungsgetränk, die Bilz-Brause, Kekse, Nährsalz, Brot, Kaffee, Schokolade - alles trug seinen Namen. Selbst ein Licht-Luft-Bad mit einer Anlage, die künstlich Meereswellen erzeugt, richtete er ein.

Nachdem Karl Mays erste Frau Emma im Herbst 1896 für vier Wochen bei Bilz zur Kur geweilt hatte, waren beide Honoratioren Freunde geworden. Das Gesundheits-Kochbuch - es erschien 1910. Zwei Jahre später war Karl May tot. Doch Bilz, der Verfechter naturnaher, gesunder Kost und Lebensweise überlebte ihn zwölf Jahre. Erst der Friedhof, auf dem beide Grabmäler direkt nebeneinander liegen, vereinte sie wieder.

Niemals, nicht einmal in ihren schrecklichsten Alpträumen, haben die Bewohner der Radebeuler Villa Shatterhand solch eine böse Wendung erwartet. Um so größer der Schock, als an jenem frostigen Morgen des 2. November 1907 Staatsanwalt Seyfert und Untersuchungsrichter Larras mit vier Polizisten an der Kirchstraße 5 läuten. Sie halten dem verdutzten Dienstmädchen den Durchsuchungsbefehl vor die Nase und stürmen in das Haus.

Der Hausherr bekommt einen Nervenzusammenbruch, seine Gemahlin protestiert. Doch ungerührt dessen wird acht Stunden lang jeder Winkel nach belastendem Material durchstöbert. Kistenweise schleppt man Privatpost, Dokumente, ja sogar Romanentwürfe und Gedichte weg. Schlimmes Finale eines seit Jahren andauernden Nervenkrieges, einer Flut von ehrenrührigen Prozessen und Klagen, in die sich May hineingezogen sieht.

Die treibenden Elemente, die dem gealterten Karl May in existenzbedrohender Weise zusetzen, sind der Buchhändler Adalbert Fischer (1855 – 1907) und der Enthüllungsjournalist Rudolf Lebius (1868 – 1946). Am 16. März 1899 hatte Fischer von Pauline Münchmeyer (1840 – 1928), der Witwe des 1892 verstorbenen Kolportageverlegers, den Verlag H. G. Münchmeyer und mit ihm Mays Manuskripte gekauft.

Dabei war strittig, ob die Münchmeyer überhaupt noch über die Kolportagemanuskripte verfügen durfte. Auch hatte May von seinem einstigen Verlag lange kein Geld mehr gesehen, obwohl man seine Werke fleißig druckte. Nun brachte Fischer gegen den Willen des Autors und unter Bruch des Pseudonyms die mit freizügigen erotischen Passagen versehenen Jugendsünden des Erstthalers in 25 Bänden als »Karl May`s Illustrierte Werke« heraus. Deren Veröffentlichung und die daraufhin einsetzende Prozeßflut gegen Pauline Münchmeyer erstaunte die Welt.

Und erstmals forschte man in Mays Vergangenheit. Da wurde der falsche Doktortitel ruchbar, der Dichter mehrfach des Plagiats beschuldigt. Sogar der Umstand, daß May gar kein Katholik - wie 25 Jahre lang von aller Welt geglaubt - sondern Protestant war, löste in gewissen Kreisen blankes Entsetzen aus.

May, der anfänglich alle Prozesse gewinnt, verläßt 1907 das Glück. Da erstattet Münchmeyer-Anwalt Oskar Gerlach (1870 – 1939) nämlich gegen Karl May Anzeige wegen Meineids und Verleitung zum Meineid - Grund für die Durchsuchungsaktion! Erst Anfang 1909 wird das Verfahren ergebnislos eingestellt. Immer wieder verfaßt Karl May Pressemitteilungen und Memoranden, klärt die Öffentlichkeit über seine Sicht der Dinge auf. Doch der Ruf ist längst unrettbar geschädigt. Denn inzwischen begann Rudolf Lebius seinen Vernichtungsfeldzug.

Der frühere Sozialdemokrat und finanziell angeschlagene Redakteur der »Sachsenstimme« hatte sich 1902 von Karl May ein Darlehen von 10 000 Mark erhofft und ihm dafür lobende Artikel versprochen. Als May dieses unverschämte Angebot ablehnt, wird Lebius sein persönlicher Feind, brandmarkt ihn als Verderber der Jugend, als geborenen Verbrecher.

Bis zu Mays Tod läßt er keine Ruhe, erlangt durch Indiskretion von Beamten Kenntnis des geheim gehaltenen Vorstrafenregisters, recherchiert in der Heimat von Karl May und vermarktet jedes Detail in einer großangelegten Rufmord-Kampagne. Als Gründe, die den krankhaft ehrgeizigen, sprachbegabten Lebius (er beherrschte sieben Fremdsprachen) so persönlich gegen May vorgehen ließen, erscheint vor allem ein Motiv plausibel. Sein Neffe Gerhard Medem soll, durch Karl-May-Bücher angeregt, nach Mittelamerika ausgerissen und psychisch krank zurückgekehrt sein!

DIE NORDAMERIKA-REISE

Der 16. September 1908. Laut dröhnen die Nebelhörner des »Großen Kurfürsten« bei der Einfahrt in den Hafen von New York. Karl May steht an der Reling, bewundert die 1886 auf Bedloe's Island errichtete Statue der Freiheit mit ihrer mächtigen Fackel, sieht die düsteren Forts Richmond und Tomkins auf Staten Island. Er spürt das rhythmische Stampfen der mächtigen Dampfmaschinen, läßt sich die ergrauten Haare vom sanften Seewind zerzausen.

Der berühmte Schriftsteller war am 5. September zu seiner letzten großen Reise aufgebrochen. »Vergnügungs- und Erholungsreisen zur See« stand neben dem farbigen Titelbild auf dem Prospekt des Bremer Lloyd. 66jährig betrat er erstmals mit eigenen Füßen den amerikanischen Kontinent, konnte den Schauplätzen seiner erfolgreichsten Werke so nahe wie nie zuvor sein. Doch weder Winnetous Jagdgründe noch Wildwestgestalten wie Pitt Holbers, Dick Hammerdull oder Sam Hawkins sucht der gealterte Mann.

Eine Woche lang schlendert er mit Ehefrau Klara durch die größte Handelsstadt der Neuen Welt am Hudson. Die Mays besuchen Museen, Kirchen, Warenhäuser und elegante Kaufläden, flanieren den fünf Kilometer langen Broadway entlang. Natürlich schauen sie auch an der fünften Avenue vorbei – dem eigentlichen Mittelpunkt der vornehmen Welt, mit großen, glänzenden Wohngebäuden aus braunem Sandstein und Marmor. Franklin-Standbild, Washington Square, Union Square mit den Bildsäulen

Karl May auf dem Damper »Großer Kurfürst«
während seiner Nordamerikareise.

Washingtons und Lincolns, Madison Square – kaum eine Touristenattraktion wird ausgelassen. Über Kingston und Albany führt die Reise dann nach Buffalo am Eriesee, wo sich May auf dem Sockel des

Karl May sitzt auf dem Sockel des Grabmonumentes des berühmten Häuptlings Sa-go-ye-wat-ha.

Grabmonumentes von Häuptling Sa-go-ye-wat-ha sitzend von Klara fotografieren läßt. An den Niagara-Fällen nehmen sie bis 5. Oktober auf kanadischer Seite im Luxushotel Clifton-House Quartier. Exkursionen führen sie zum Ontariosee, nach Toronto, Detroit und Montreal.

Ein Abstecher in das Reservat der Tuscarora-Indianer ist die einzige Begegnung mit Rothäuten. Doch der Besuch bei seinen Blutsbrüdern hinterläßt einen deprimierenden Eindruck. Einige hundert der stolzen Irokesen hausen in Holzhütten. Der bärtige Häuptling in abgewetzter, schlappernder Kleidung trägt Hosenträger!

In Lawrence, Massachusetts wohnt May mehrere Wochen bei seinem alten Freund und Spiritisten, dem aus Sachsen ausgewanderten Dr. Pfefferkorn. Der in Amerika zum reichen Mann gewordene Arzt organisiert einen Treff der Deutsch-Amerikaner der Umgebung, vor denen May am 18. Oktober einen euphorisch aufgenommenen Vortrag zum Thema «Drei Menschheitsfragen: Wer sind wir? Woher kommen wir? Wohin gehen wir?« hält.

Mit dem Doppelschraubenpostdampfer »Kronprinzessin Cecilie« der Reederei Hapag Hamburg reist das Ehepaar May Ende Herbst in die Heimat zurück. Nach 14 Tagen Zwischenstopp in London trifft man Anfang Dezember wieder in Radebeul ein.

DIE RADIUM-KUR

Die qualvollen Gerichtsprozesse, der durch Verleumdungs- und Enthüllungskampagnen ausgelöste psychische Druck, die Gebrechen des Alters setzten dem Nachtarbeiter Karl May seit der Jahrhundertwende schon mehrfach gesundheitlich arg zu. 1909 hat er seinen letzten, großen Roman Winnetou IV begonnen und diesen vorweggenommenen Abschied von seiner Lesergemeinde im April 1910 vollendet.

Es folgt noch die Autobiographie »Mein Leben und Streben«. Weihnachten 1910 fesselte ihn dann eine schwere Lungenentzündung ans Bett. Auch nach Neujahr fühlte sich der Schriftsteller für größere Arbeiten zu schwach. Wohl den dringlichen Ratschlägen seines Hausarztes und befreundeten Naturheilspezialisten Friedrich Eduard Bilz folgend, fuhr er zur Kur.

Mit Frau Klara, Dienstmädchen und den zwei Schoßhündchen reiste May am 11. Mai (bis 16. Juni) ins böhmische Radiumbad Sankt Joachimsthal im Erzgebirge. Dort setzte man das 1898 von Frau Curie im Uranpecherz von Joachimsthal entdeckte radioaktive Element Radium zu Kurzwecken ein. Außerdem enthielten die Quellen große Mengen des für heilkräftig gehaltenen Radiums. 600 Mache-Einheiten - das Vielfache der Heilquellen von Teplitz, Gastein, Kreuznach oder Baden-Baden - gab »Hagers Handbuch der Pharmazeutischen Praxis« noch 1927 für St. Joachimsthal an. Warme Bäder, das Trinken und Inhalieren des radonhaltigen Wassers galt als hervorragend geeignet, die Leiden bei Gicht, Rheumatismus, Entzündungen oder Konstitutionskrankheiten zu mildern.

Noch herrschte ein Versuchs- und Experimentierstadium vor, waren kaum genaue Dosierungen oder eventuelle negative Wirkungen bekannt. »Die Reaktion dieser Bäder ist so stark«, ließ May seinen Rechtsanwalt wissen, »daß ich die Feder nicht halten und also nicht schreiben kann.«

Doch seine Leiden klangen ab. Zur Nachkur fuhr man bis Ende Juni zwei Wochen ins Hotel Penegal auf der Mendel in Südtirol. Im Dezember erhält May vor den Schranken des Charlottenburger Gerichts Genugtuung, wird sein Gegner Lebius wegen schwerer Beleidigung zu 100 Mark Geldstrafe verurteilt. Auch eine erneute Lungenentzündung verläuft glimpflich.

In seiner Wahlheimat Radebeul zählt Karl May zu den angesehensten Bürgern. Seine Wohltaten fallen allen ins Auge. So gibt er viel Geld zur Errichtung des 1907 errichteten Bismarckturmes auf den Lößnitzhöhen, stattet Schul- und Gemeindebibliotheken kostenlos mit seinen Werken aus, spendiert ein Bleiglasfenster für die neue Realschule, ruft eine Schulstiftung ins Leben. Zu seinem 70. Geburtstag, dem 25. Februar 1912, wird er förmlich mit Zeichen der Liebe und Verehrung aus allen Teilen Deutschlands und dem Ausland überschüttet. Berge von Glückwunschbriefen und Blumenarrangements treffen ein, die riesige Gratulantenschar soll bis zum späten Abend durch die Villa Shatterhand defiliert sein.

Gegen den ärztlichen Rat nimmt der kränkelnde Greis danach die Einladung des Akademischen Verbandes für Literatur und Musik in Wien an. Am 22. März hält Karl May im berühmten Wiener Sophiensaal vor 2000 Menschen seinen leidenschaftlichen Vortrag »Empor ins Reich der Edelmenschen«.

Unter den Zuhörern, die ergriffen seine Gedanken zu Frieden und Völkerverständigung, seine Lebensbeichte und seine Gedichte in sich aufsaugen, weilt auch Friedensnobelpreisträgerin Bertha von Suttner (1843 – 1914).

Das lezte Foto des greisen Karl May
vom März 1912 aus Wien.

May spricht ununterbrochen 2 ¼ Stunden mit solcher Wärme und Begeisterung, daß sich kein Auge von ihm abwendet. Beifall umtost ihn. Man umringt den verehrten alten Mann und küßt ihm die Hände. Nur mit viel Mühe kann er durch einen Seitenausgang den Sophiensaal verlassen.

Mit einer leicht fiebrigen Erkältung kehrt der große Dichter ins Elbtal zurück.

An seinem neunten Hochzeitstag, Sonnabend, dem 30. März 1912, geht Karl May 19 Uhr zu Bett. Ehefrau Klara sitzt neben ihm, als er beim Einschlafen mit den Gestalten seiner grandiosen Phantasie spricht. 20.30 Uhr bäumt er sich kurz auf und erliegt einem plötzlichen Herzschlag! Im Bestattungsbuch des Ev.-Lutherischen Pfarramtes der Lutherkirche Radebeul wird als Todesursache »Herzparalyse, acute Bronchitis, Asthma« eingetragen.

Seine letzten Worte sollen »Sieg, großer Sieg! Rosen... rosenrot« gewesen sein.

WITWE KLARA

Seine Durchlaucht, der Fürst von Schönburg-Waldenburg, staunt nicht schlecht, als er im Juni 1934 von einem Wunsch der Witwe des großen Schriftstellers Karl May hört. Freunde von ihr haben sich an ihn um Unterstützung gewandt. Sie bitten für die 70jährige Klara May um Aushändigung von Schulakten aus dem Waldenburger Seminar, die ihren verstorbenen Mann betreffen – die Geschichte mit den sechs gestohlenen Kerzen!

Der Fürst informiert das sächsische Ministerium des Kultus von dem Ansinnen, und am 23. Juni 1937 gibt Klara May bei einem Besuch im Ministerium an, »daß ihr Bestreben dahin gehe, sämtliche behördliche

*Klara May auf einem Gemälde
von Arthur Feder von 1933.*

Akten und Unterlagen, in denen ungünstige Tatsachen oder Urteile über Karl May enthalten seien, zur Vernichtung ausgehändigt zu erhalten...« Die Witwe kann auf Verbündete in allerhöchsten Kreisen zählen. Am 29. Juli 1933 war sie bei einem Empfang in Bayreuth dem Führer vorgestellt worden. Adolf Hitler (1889 – 1945) war begeisterter May-Leser und hatte die Fehltritte seines Lieblingsschriftstellers als durch die sozialen Umstände bedingt entschuldigt.

Die Halbschwester Hitlers, Angela Hammitzsch (1883 – 1949), war oft zum Kaffeeklatsch bei Klara. 1936 hatte sie den Dresdner Architekturprofessor Martin Hammitzsch (1878 – 1945) geheiratet, bewohnte mit ihm als Sommersitz die Villa »Haus in der Sonne« in Radebeul-Oberlößnitz. Auch dem sächsischen Reichsstatthalter, Gauleiter Martin Mutschmann (1879 – 1948), war Mays Witwe keine Unbekannte. Gelegentlich seines Besuches im Karl-May-Museum lernte er sie im Dezember 1933 kennen.

Es verwundert deshalb kaum, daß ihr Mutschmann am 16. Juli 1937 die 21 Seiten Akten aus dem Seminar Waldenburg persönlich zusenden läßt – damit sie im Kamin lodern!

Per Testament vom 8. März 1908 hatte Karl May seine zweite Frau mit der Auflage zur Alleinerbin bestimmt, daß »alles, was sie von mir erbt, der mildtätigen Stiftung, die ich mit ihr besprochen habe, zufallen« soll. Mit Urkunde vom 15. Februar 1913 gründete Klara May die »Karl-May-Stiftung«.

Am 1. Juli 1913 wurde auch der Karl-May-Verlag als offene Handelsgesellschaft aus der Taufe gehoben. Als Inhaber schlossen sich Klara, Mays früherer Verleger Friedrich Ernst Fehsenfeld und Dr. jur. Euchar Albrecht Schmid (1884 - 1951), dessen

Familie den Verlag noch heute in dritter Generation führt und die grünen Karl-May-Bände (bisher über 80) herausgibt, zusammen. Einen Wunsch konnte Klara May ihrem Mann jedoch nicht erfüllen.

Der große Fabulierer hatte zuletzt den Wunsch geäußert, im Garten seines Hauses begraben zu werden. Als sich nach seinem Tode andeutete, daß ein Genehmigungsverfahren längere Zeit beansprucht,

Karl Mays Grabstätte auf dem Radebeuler Friedhof.

bestattete man Karl May neben seinem Freund Richard Plöhn im Mausoleum. Später wurde das nie mehr geändert.

Die rüstige Witwe betrachtet es als ihre Mission, den Ruhm des Gemahls zu mehren, jeden Flecken eines Makels zu beseitigen. Bei diesem gutgemeinten Vorhaben werden jedoch nicht nur massenhaft Archivakten vernichtet, Briefe verbrannt, der Kopf seiner ersten Frau Emma aus Fotos herausretuschiert – Klara May beginnt auch zügellos damit, Legenden zu stricken, sich selbst schriftstellerisch zu betätigen.

So verbreitet sie beispielsweise, daß der bibelfeste Christ Karl May sogar die Seitenzahlen einzelner Bibelstellen und Psalmen auswendig wußte. Sie entdeckt völlig neue musische und literarische Interessen ihres Mannes. Und läßt ihn in ihrer Phantasie völlig neue Abenteuer bestehen. Im NSDAP-Organ »Freiheitskampf« teilt sie ihre Gedanken in der Serie »Unter dem Hakenkreuz durch die Welt« einem Millionenpublikum mit. Zu den düstersten Kapiteln ihres Wirkens gehört die Entfernung des ersten Ehemannes Richard Plöhn und der eigenen Mutter Wilhelmine Beibler (1837 – 1909) aus dem May-Mausoleum. Die Namen beider hatte Klara May bereits Jahre zuvor aus der Grabmalswand tilgen lassen.

Kurz vor der geplanten Gedenkfeier zu Mays 100. Geburtstag im Jahre 1942 tauchten wie ein Blitz aus heiterem Himmel Gerüchte auf, der neben Karl May bestattete Mann hätte eine jüdische Mutter gehabt. Klara May wurde zum Radebeuler Oberbürgermeister zitiert und ließ sich bewegen, auch seine sterblichen Überreste aus der Gruft zu entnehmen. Dem Leichnam ihrer Mutter ließ sie bei dieser Gelegenheit das gleiche Schicksal zuteil werden.

Die Hebung beider Särge erfolgte am 28. April 1942 in der Frühe. Danach wurden sie im Krematorium Dresden-Tolkewitz verbrannt und die Urnen anonym unter einer Birke an der Mauer des Tolkewitzer Gottesackers der Erde übergeben. Auf einen Grabstein verzichtete Klara May.

Nachdem die alte Dame bereits längere Zeit unter Lähmung des rechten Armes litt, brach sie sich im November 1944 bei einem Sturz den anderen Arm und das Schlüsselbein. Zwei Stunden vor Mitternacht am letzten Tag des Jahres 1944 starb die 80jährige Klara May in der Villa Shatterhand. Die Beisetzung im Metallsarg an der Seite ihres Mannes erfolgte am 5. Januar, 9 Uhr, in aller Stille. Erst 1998 wurde durch die Karl-May-Stiftung, das Karl-May-Museum und die 1969 in Hannover gegründete Karl-May-Gesellschaft eine Gedenktafel am Mausoleum angebracht und dabei jener beiden Menschen gedacht, die hier bis 1942 ihre letzte Ruhestätte hatten.

EIN UNEHELICHES KIND?

Im Juli 1978 erreichte den Dresdner Karl-May-Forscher Hans-Dieter Steinmetz ein unscheinbarer Brief, der eine sensationelle Wende in der Erforschung der Biographie des Schriftstellers versprach. Die damals 62jährige Helene Erika Strohhofer aus dem Kreis Konstanz fragte an, in welchem Verhältnis May zu der aus Hohenstein stammenden Marie Thekla, geborene Vogel und deren unehelichem Kind gestanden hat. In ihrer Familie gab es immer wieder auf Karl May lautende Gerüchte. Sie war sicher, eine Enkelin Mays zu sein. Doch sie scheute die Öffentlichkeit.

Bei Steinmetz läuteten die Alarmglocken. In Karl Mays Roman »Satan und Ischariot«, der wie die meisten Werke mit autobiographischen Fakten angereichert sein dürfte, taucht eine Liebesgeschichte mit einer Martha Vogel auf. Kann das nicht ein ver-

Das Sascha-Schneider-Zimmer im Radebeuler
Karl-May-Museum.

schlüsselter Hinweis auf die Mutter seines unehelichen Kindes Marie Thekla sein? War das endlich die heiße Spur? War die Mutter der Briefschreiberin eine Tochter des Dichters?

Seit der Schriftsteller 1912 kinderlos verstarb, irren die verschiedensten Hypothesen und Spekulationen über seine Manneskraft und sein Geschlechtsleben durch die Literatur.

Einerseits stattete Karl May seine Villa Shatterhand mit zahlreichen Jünglingsakten seines homosexuell veranlagten Künstlerfreundes Sascha Schneider (1870 –1927) aus. Andererseits ließ er ab 1904 plötzlich die Titelseiten aller Werke mit Schneiders Nacktgestalten verzieren. Grund genug für Schriftsteller Arno Schmidt (1914 – 1979), in seinem 1963 erstmals erschienen, umstrittenen Buch »Sitara und der Weg dorthin« May selbst solche versteckten Neigungen vorzuwerfen. Um diesen Spekulationen entgegenzutreten, führten Biographen immer wieder mögliche uneheliche Kinder an.

So gibt es die These, daß May als Hilfslehrer in Glauchau im Oktober 1861 mit der gleichfalls 19jährigen Henriette Meinhold ein Kind gezeugt haben könnte. Auf jeden Fall gebar sie genau neun Monate nach seinem Weggang am 5. Juli 1862 ihr erstes Kind Otto Hugo.

Dann ist immer wieder vom Kind eines Dienstmädchens der Familie May die Rede. In einer Eidesstattlichen Erklärung hatte eine der Freundinnen Emma Mays, Louise Achilles, am 9. November 1909 zu Papier gebracht:

»Außerdem ist mir bekannt, daß in den Jahren 1889 und 1890 May mit einem seiner Dienstmädchen ein Kind hatte und auch Alimente bezahlte.«

Von der Hohensteiner Kartonagearbeiterin Marie Thekla Vogel (1856 – 1929) konnte sogar der Geburtsregisterauszug beschafft werden: Am 26. März 1876 hatte sie ein uneheliches Mädchen namens Helene Ottilie (1876 – 1951) geboren. Sieben Monate später, am 22. Oktober 1876, heiratete sie den Strumpfwirker Friedrich Hermann Albani (1854 – 1902). Dieser gab der vorehelich geborenen und sicher nicht von ihm stammenden Tochter erst nach fünf Ehejahren seinen Familiennamen.

Kann May der Vater sein? Theoretisch ja. Denn als er Anfang Mai des Jahres 1874 aus dem Zuchthaus Waldheim entlassen wurde, weilte er zuerst in seiner Geburtsstadt und kam auch in seiner Redakteurszeit bei Münchmeyer häufig hierher zurück. Aber Marie Thekla Albani – die einzige Frau, die es genau wissen mußte – starb 1929 an einem Schlaganfall.

Mays mutmaßliche Tochter Helene Ottilie, die 1898 in Hohenstein-Ernstthal den Weber Karl Friedrich Voigt (1876 – 1917) heiratete, kaufte 1913 mit ihrem Mann ein Gasthaus in Schellerhau. Am 12. August 1915 wurde ihnen die Tochter Erika geboren, die 1978 Kontakt mit dem May-Forscher aufnahm. 1952 starb Helene Ottilie. Letzte Gewißheit hätte ein Gentest ihrer Tochter Helene Erika bringen können, der mit Erbsubstanz Karl Mays - beispielsweise aus einem seiner Haare im Radebeuler Museum - verglichen worden wäre. Doch die alte Dame schloß Ende 1986 ihre Augen...

So bleibt nach wie vor die Frage offen, ob May geheime Nachkommen hatte.

PATTY FRANK
UND DAS KARL-MAY-MUSEUM

Schon lange hegte man nach Mays Tod in der Radebeuler Villa Shatterhand die Idee, den Dichter und Gatten durch eine ständige Ausstellung zu würdigen.

Da kam 1925 ein interessantes Angebot. Ernst Tobis (1876 – 1959), der unter dem Künstlernamen Patty Frank berühmte Wiener Artist, Globetrotter und Indianerspezialist, bot Klara May seine reiche Privatsammlung mit Skalps, Pfeilen, Bögen, Speeren, Schilden, Bumerangs, Büffelfellen, indianischen Originalkleidern, Tomahawks, Bildtafeln, Hals- und Armketten an. Einzige Bedingung: Freie Wohnung in einem eigens für ihn und die Sammlung errichteten Wild-West-Blockhaus und eine monatliche Rente von 300 bis 350 Mark!

Patty Frank hatte sich schon als 14jähriger der berühmten »Buffalo Bill«-Show angeschlossen, 20jährig die »Patty-Frank-Troupe« als eigene Akrobatentruppe gegründet. Durch seine Auftritte in den größten Zirkuszelten und Varietés hatte er die ganze Welt gesehen, überall indianische Raritäten aufgespürt. Sein Angebot, in Radebeul zu bleiben, war ein Glückstreffer.

Nach reiflichem Überlegen schloß man einen entsprechenden Vertrag. Am 7. Mai 1926 wurde der Grundstein gelegt, zum Jahresende konnte Patty Frank in sein Blockhaus einziehen und nach Erweiterungsbauten wurde das Karl-May-Museum Radebeul am 1. Dezember 1928 feierlich eröffnet. »Bleichgesichter gründen ein Indianer-Museum« oder »Das Museum Old Shatterhands« titelten damals die Zeitungen und lobten den 52jährigen Artisten, der vor

Patty Frank - der Begründer des Radebeuler Karl-May-Museums in einer Zeichnung von Hans Hähnet.

groß und klein am lodernden Kamin eine abenteuerliche Welt lebendig werden ließ.

Den Namen »Villa Bärenfett«" erfand noch Karl May selbst. In mehreren Romanen taucht der lustige Sachse Hobble-Frank auf, der sein Haus am Strand der Elbe bei Dresden so nennt. Bald schon beherbergt das Erdgeschoß die Goldgräberbar »Zum grinsenden Präriehund« und der Keller die »Schwarzbrennerei«. Das große Diorama »Heimkehr von der Schlacht« und lebensgroße Kostümfiguren entstehen.

Ständig steigende Besucherzahlen im größten indianischen Privatmuseum Deutschlands - neben Patty Franks Sammlung wurden auch die von Karl und Klara May von ihren Reisen mitgebrachten Stücke präsentiert - ließen 1936 einen Anbau im gleichen Stil sinnvoll erscheinen.

Dort wird auch der Karl-May-Raum mit Schulzeugnissen, Reiseandenken, Manuskripten, Noten, Briefen und vielen farbigen Einbanddeckeln des genialen Fabulierers untergebracht. Selbst im Zweiten Weltkrieg läuft der Museumsbetrieb weiter.

Doch nach 1945 sah Karl Mays Erbe einem ungewissen Schicksal entgegen. Bereits im Juni 1945 war die Radebeuler Karl-May-Straße in Hölderlinstraße umbenannt worden. Die Bücher des Autors durften in der Sowjetischen Besatzungszone und späteren DDR nicht mehr gedruckt werden. Das Museum stand unter staatlicher Kontrolle. Zuerst wurden alle an Karl May erinnernden Dinge entfernt, dann dem Museum durch Umgruppierung der Exponate die Romantik geraubt und schließlich der Name genommen, alles in »Indianermuseum« umgetauft. Nur die lebende Legende mit dem Dauerwohnrecht, Patty Frank, blieb den Besucherscharen vorerst erhalten.

Als der 83jährige Artist und Museumschef am 23. August 1959 stirbt, übernimmt Ehefrau Marie (1902 – 1961) bis zu ihrem Tode die Führungen.

In der Zwischenzeit hatte sich am 2. April 1960 auch der Karl-May-Verlag der Verlegerfamilie Schmid von der Stiftung getrennt, war mit allem beweglichen Gut – darunter Arbeitszimmer und Bibliothek Mays – nach Bamberg übergesiedelt. Denn die Verlagstätigkeit war ihnen in der DDR nicht gestattet

Karl Mays Schreibtisch.

worden. Dafür übernahm die Stiftung die Verlagsanteile an 16 Immobilien. In die Villa Shatterhand zog ein Kindergarten ein. Nach 1982 änderte sich manches. Karl May wurde in der DDR nachgedruckt. Die Straße vor dem Museum und das Museum selbst bekamen wieder ihre alten Namen.

Doch richtig komplett ist das Karl-May-Museum erst seit Ende Oktober 1994. Durch Vereinbarung zwischen Verleger Lothar Schmid und der Karl-May-Stiftung kehrten Möbel, Bücher sowie Kunst- und Erinnerungsgegenstände des Arbeitszimmers, der Bibliothek und des Sascha-Schneider-Zimmers aus dem fränkischen Bamberg nach Radebeul zurück. Die dafür erforderlichen 3,5 Millionen Mark brachten die Bundesregierung, der Freistaat Sachsen, der Landkreis Meißen, die Stadt Radebeul, die Kreissparkasse und die Stiftung gemeinsam auf.

Karl Mays Bibliothek im heutigen Zustand.

KARL MAY

25. FEBRUAR 1842
—
30. MÄRZ 1912

QUELLENVERZEICHNIS

Bartsch, Ekkehard: Karl Mays Winnetou. - In:
Heermann, Christian: Der Mann, der Old Shatterhand
war. - Verlag der Nation Berlin 1988

Biltz, F. Eduard; Helfricht, Jürgen: B ilz' Gesund-
heitskochbuch & Bilz-Biographie. - Ed. Krickau
Dresden 1999

Heermann, Christian: Old Shatterhand ritt nicht im
Auftrag der Arbeiterklasse. – Anhaltische Verlags-
gesellschaft Dessau 1995

Hoffmann, Klaus: Karl May – Leben und Werk.-
Karl-May-Stiftung Radebeul 1988

Hoffmann, Klaus: Old Shatterhand in Böhmen. - In:
Stifter-Jahrbuch neue Folge 10. Adalbert Stifter Ver-
ein München 1996

Hoffmann, Klaus: Silberbüchse, Bärentöter, Henry-
stutzen – Mythos und Realität. - In:
Schriftenreihe des Karl-May-Museums Nr. 2
Radebeul 1990

Jahrbuch der Karl-May-Gesellschaft 1970 - 1998. -
Hamburg, ab 1982 Husum (besonders die Beiträge der
Autoren A. Graf, Ch. Heermann, K. Hoffmann, H.
Plaul, C. Roxin, G. Scholdt, H.-D. Steinmetz, H.
Stolte, H. Wollschläger)

Klimpel, Volker: Dresdner Ärzte. - Hellerau-Verlag Dresden 1998

Lebius, Rudolf: Die Zeugen Karl May und Klara May. Reprint der Ausgabe Berlin-Charlottenburg 1910. – Gauke Lütjenburg 1991

Lowsky, Martin: Karl May. – J.B. Metzler Stuttgart 1987

Maschke, Fritz: Karl May und Emma Pollmer. – Karl-May-Verlag Bamberg 1973

May, Karl: Frau Pollmer – Eine psychologische Studie. Faksimile. - Karl-May-Verlag Bamberg 1982

May, Karl: Ich - Karl Mays Leben und Werk. - Karl-May-Verlag Bamberg 1995

May, Karl: Mein Leben und Streben. Reprint. Vorw., Anm., Nachw., Register von Hainer Plaul. – Nachdr. der Ausg. Friedrich Ernst Fehsenfeld Freiburg i. Br. 1910.
Olms Hildesheim 1997

Mitteilungen der Karl-May-Gesellschaft. – Geschäftsstelle der Karl-May-Gesellschaft Föhren 1994 – 1998

Pommerin, Reiner (Hrsg.): Dresden unterm Hakenkreuz. - Böhlau Köln, Weimar 1998

Plaul, Hainer: Illustrierte Karl-May-Bibliographie. -
Edition Leipzig 1988

Richter, Peter; Neßler, Uwe: Bilder aus Ardistan.
- Karl-May-Gesellschaft Ubstadt 1986

Schmidt, Arno: Sitara und der Weg dorthin. -
Fischer Taschenbuch Frankfurt am Main 1998

Seifert, Wolfgang: Patty Frank.- Karl-May-Verlag
Bamberg, Radebeul 1998

Steinmetz, Hans-Dieter: Zur Deutung der Nebatja-
und Martha-Vogel-Episode. - In: Mitteilungen der
Karl-May-Gesellschaft 40/1979

Ueding, Gert (Hrsg.): Karl-May-Handbuch. – Alfred
Kröner Stuttgart 1987

Wollschläger, Hans: Karl May. – Verlag der Kunst
Dresden 1989

BILDNACHWEIS

Fotos und Reproduktionen: Ulrich Häßler

Autor und Verlag danken Direktor René Wagner und Diplombibliothekarin Gudrun Wittig vom Karl-May-Museum Radebeul für die freundliche Bereitstellung der Vorlagen sowie Kustos Hans Grunert vom Karl-May-Museum für die Durchsicht des Manuskripts.

Ein Besuch – Ein Erlebnis

Karl-May-Museum

Karl-May-Straße 5
01445 Radebeul

Villa »Shatterhand« - die letzte Wirkungsstätte des bekannten
sächsischen Fabulierers Karl May.
Wir laden Sie herzlich ein, Bibliothek, Arbeitszimmer,
Empfangszimmer, Silberbüchse, Bärentöter und
Henrystutzen zu besichtigen.
»Villa Bärenfett« - das idyllische Wildwestblockhaus im
Gartengrundstück hinter dem Wohnhaus, mit dem in Europa
einmaligen Sammlungsbestand [850 museale Objekte]
über die »Indianer Nordamerikas«.
Öffnungszeiten:
Dienstag bis Sonntag 9-18 Uhr [März - Oktober]
Dienstag bis Sonntag 10-16 Uhr [Nov. - Dezemb.]
Montags [außer an Feiertagen],
01. Januar, 24., 25., 31.12. geschlossen.
Weitere Informationen über Tel.: 0351/83730-0 und -31.
http://www.karl-may-museum.de

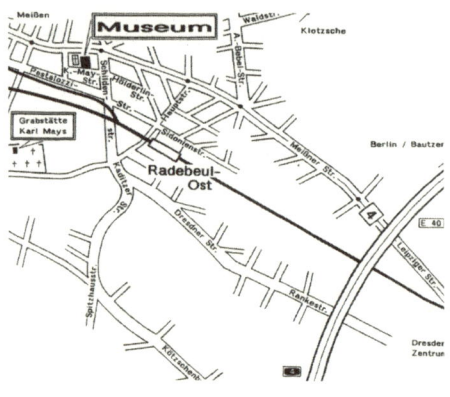